# 清理你的心理雜訊

**10 個降噪練習，**
**使你不再自卑、自責、自憐**

一直堅持卻什麼都沒得到的人，
內心潛藏的是——鐵杵磨成針雜訊

對自己缺乏自信的人，內心潛藏的是——我遜咖雜訊

接連發生好事就會感到害怕、
無法由衷感到放心的人，內心潛藏的是——幸福恐懼雜訊

凡事都要跟別人比較的人，
內心潛藏的雜訊是——封印真我雜訊

想說的話說不出口的人，
內心潛藏的是
——他人優先雜訊

總在臨門一腳時失敗、抓不
住機會的人，內心潛藏的是
——出頭鳥雜訊

不擅長自己做決定、缺乏決
斷力的人，內心潛藏的是
——思考停擺雜訊

不擅長與麼依賴他人、太顧慮他人
而疲憊不堪的人，內心潛藏的是
——獨立自主雜訊

對他人眼光在意得不得了、
玻璃心的人，內心潛藏的是——盛情款待雜訊

山根洋士 著 李瑷祺 譯

常常粗心大意，給別人添麻煩的人，內心潛藏的是
——時間即金錢雜訊

因為重要，所以寫在最前面。

這本書要談的不是如何提升自我肯定感，而是——

**即使自我肯定感低，**
**也能不煩惱的方法。**

低自我肯定感的人只需要做到一件事。

你覺得是什麼呢？

讓自己變成自信爆棚？打造銅牆鐵壁般的厚臉皮？

改變個性？不，其實不必那麼努力。

你需要做的，只是找出你的

# 心靈壞習慣＝心理雜訊

你的內在存在著自己尚未發現的心理雜訊。

心理雜訊
為什麼？
・有溝通障礙
・優柔寡斷
・沒有行動力
・老是出錯
・意志力不堅
・沒錢
為什麼？
我真是……
反正我就是……

只要找出心理雜訊，就能跳脫出「自我責怪的迴圈」。

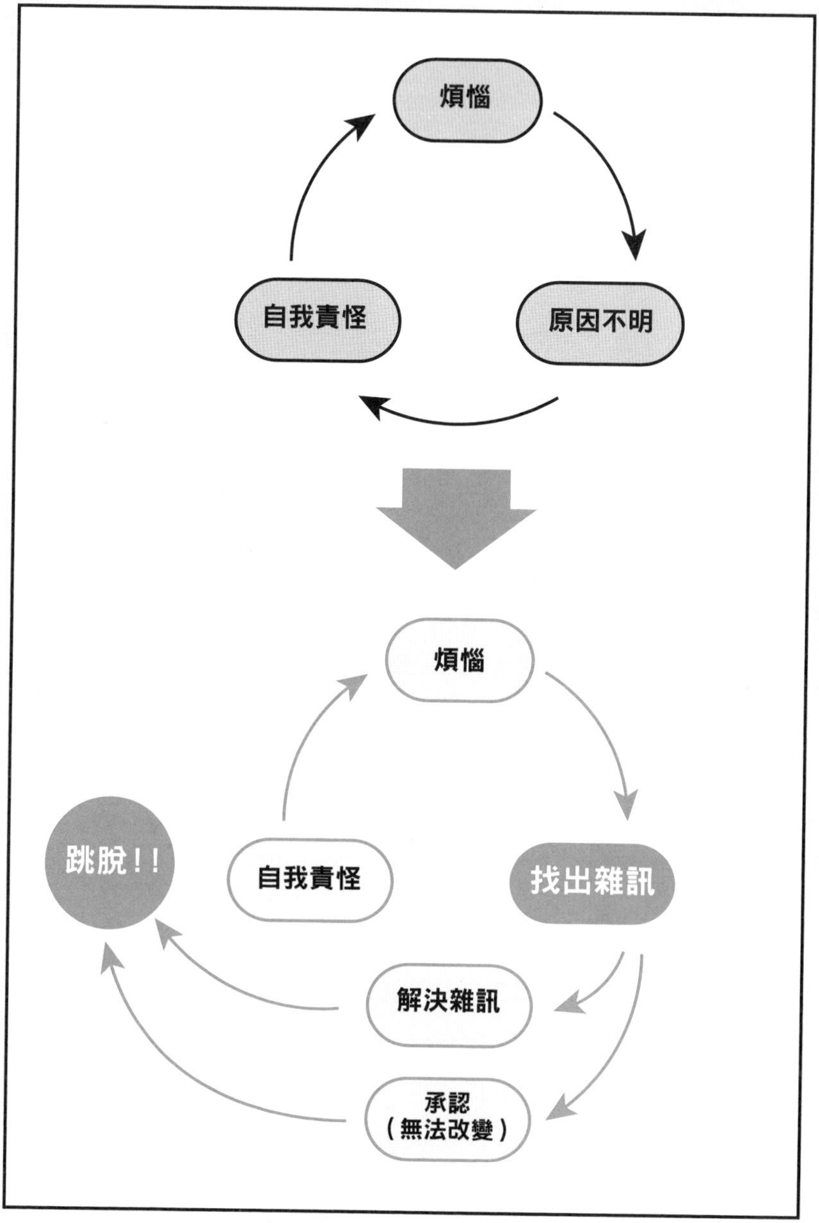

雜訊是你出生至今，
在心中一點一點培養出來的
**思維或詮釋的習慣。**

當你感到
胸口亂糟糟或悶騰騰時，
就是你的內心正在發出雜訊。

以心理學而言，認識自己心中的雜訊，就是所謂的
**自我認知、後設認知。**

在這本書中，我將毫不保留地傳授找出雜訊的方法，以及如何透過練習讓自己不再受到雜訊的負面影響。

認識大腦與
產生心理雜訊的機制。

透過常見的 14 種雜訊，
找出自己的雜訊。

在日常生活中如何
發現雜訊的方法。

不被雜訊牽著鼻子走的
10 項練習。

強迫自己正面思考，
對自己說「我很棒」「我可以」，
其實很難每每如此吧？

因此，接下來我們真正要做的是，
認識自己為什麼會這樣，
並獲得無論是好是壞都能接納自己的

**「自我接納感」！**

## 如果你有符合以下症狀，
## 請務必閱讀本書。

---

〔A〕

☐ 自己好像有小心謹慎的一面。

☐ 數量有限、先搶先贏的時候，會禮讓他人。

☐ 幫忙他人時，反而比做自己的工作更有幹勁。

☐ 很少自己主動邀請他人。

☐ 喜歡指導他人或給人意見。

〔B〕

☐ 善於開玩笑地自我貶低或談自己的失敗經驗，經常能贏得他人的笑聲。

☐ 認為自己是有誇獎才有進步的類型。

☐ 別人委託工作或有事相求時，自己往往會脫口說「沒問題」。

☐ 看到網路評價不好或聽到商品的負評，就會放棄購買。

☐ 經常把「關於○○○我是專家」掛在嘴邊。

〔C〕

☐ 需要承擔責任的工作或立場，往往令你感到沉重。

☐ 曾經透過社群媒體的貼文或留言和人筆戰。

☐ 受到稱讚時會感到手足無措。

☐ 經常察覺到文件上的錯誤或他人的失誤。

☐ 經常在新聞媒體或社群媒體上關心名人的醜聞或被網民罵翻的事件。

符合的項目請打勾。解說請見次頁。

## 你是屬於哪種類型？

### 〔A〕打最多勾的人是「適應反應」型

這種類型的你，會誠實地將自己的低自我肯定感，表現在心情或行為上。

你不擅長自己開路打前鋒，往往以他人為優先。

雖然你害怕挑戰，但相對地，對於固定的工作，你都能確實處理，也很善於一個步驟一個步驟地教導他人自己已經上手的工作。你不會排斥協助他人，甚至會主動參與。

### 〔B〕打最多勾的人是「逆轉反應」型

這種類型的你，雖然缺乏自信，卻常在想法或行為上表現出相反的狀態。

跟其他類型一樣，逆轉反應型也很在意別人眼中的自己，不過，這一類的人傾向於在他人面前過度逞強。

過度自我嘲諷、過度誇耀自己專長，都是因為你不希望自己的弱點遭到他人攻擊。

### 〔C〕打最多勾的人是「抵抗反應」型

類似於逆轉反應，但這一類人試圖抗拒無能的自己。

其中最典型的行為就是踩人捧己。想糾正他人錯誤，或在社群媒體的留言中和人筆戰，乍看之下是自信的象徵，但那其實是你對低自我肯定感所採取的反抗姿態，又或是一種缺乏從容的表現。

# 目錄

# 第2章 你的雜訊是哪一種？14種心理雜訊診斷

## 第5章 任何人都能透過放下心理雜訊得到幸福

## 〈前言〉你需要的不是自我肯定，而是自我接納

感謝你拿起這本書。

我是矯正心靈壞習慣的「心理雜訊」諮商師山根洋士。

最近，愈來愈常看到「自我肯定感」一詞出現在各式各樣的媒體上。當自我肯定感如此受到矚目時，想必多數人也會想：「那我又是如何呢？」

許多人帶著煩惱來向我尋求諮詢，雖然大家的煩惱千奇百怪，但有一點卻是共通的。他們都**看過很多心理學書籍，或做過多次諮詢，但都得不到太大改善**。

為何會如此呢？原因就在：自我肯定感低落。

自我肯定感到底是什麼？

這幾年自我肯定感受到廣大討論，我反而有點擔心，這個本質性的問題會不會被

大家誤解。

所謂的自我肯定感，是指**「認為自己可以是真實的樣子、光是活著就很有價值的感受」**。跟一個人有沒有自信、自尊是高是低、想法正不正面，其實並沒有關係。比方說，一個沒有自信或想法負面的人，只要他覺得可以做自己本來的樣子，那麼他的自我肯定感一定不低。

這種可以做自己的感覺，不是有就是沒有，所以沒辦法比較誰的分數高、誰的分數低。「那個人的自我肯定感是五十分，這個人是三十分，另外一個人又是九十分……」，這種比較是不存在的。

因此，**所謂的提升自我肯定感、加強自我肯定感的說法，我覺得可能有些危險。**因為這種說法反而會流於**「必須理論」**，像是「我必須建立起一個自信來源」「我必須正面思考」等等，**這種想法只會加重對心靈的折磨而已**。

正面積極當然是件好事。但是聽到別人說「你要積極一點啊」「這樣垂頭喪氣怎麼行」的時候，難道不覺得很心累嗎？這像是在逼迫別人非正向思考不可，簡直可稱為「正向騷擾」。

因此我為自我肯定感低落的人，寫下了這本書。

繼續讀下去之前，一定要先有一個基本的心態，那就是——

# 別去想：我要提升自我肯定感。

先有這個心態就ＯＫ了。重要的是，在面對各種煩惱與問題時，要能夠接納自己就是這樣的人。

**你需要的不是自我肯定感，而是自我接納感。**

無論好的、壞的，接納此刻全部的自己。如果不能做到這一點，學再多心理學知識也無法為你消除煩惱。

這裡想先稍微一提，其實人對自己是十分不了解的。畢竟還有人說，我們平日的行為中，有九成是在無意識下進行的。但認識心理雜訊後，你就會慢慢開始看到自己從未意識到的自己。關於這個話題，書中還會再詳細說明。

本書會從何謂心理雜訊開始談起，接著解說如何找出你的雜訊，以及介紹能幫助你與雜訊和平共處的心靈體操。

如果有人要你變得積極正面，要你改變個性，或要你開始鍛鍊心智，恐怕一時之間也無法辦到。

首先要做的應該是自我接納。請先朝這種低難度的目標邁進吧！

# 第 1 章

# 自我肯定感低落的起因——心理雜訊

我真的很糟糕……
這樣想之前，
先等一等！

## 心理雜訊正在干擾你！

本來信心滿滿展開了減重計畫，想著這次一定能瘦下來……結果還是半途而廢。

在工作上得到自我展現的機會，但因為怕失敗而畏首畏尾，結束之後發現自己竟然犯了一堆錯誤。

本來想在社群媒體上發言引發共鳴，結果連沒見過面的人都來毀謗中傷我。

本來想好好存錢，半年後存款卻一點也沒增加。

本以為遠端辦公後就不用再承受辦公室的人際壓力了……結果跟主管的關係反而持續惡化，今夜又失眠了。

「我真糟糕啊！」「怎麼這麼不順哪！」

發生這些事情的時候，任誰都會這麼想。人無完人，在人生不順時，陷入沮喪、感到後悔、覺得失望是人之常情。

然而，一個自我肯定感低落的人，往往會在此時過度失去自信、過度引咎自責，心想：

「我做什麼事都無法持之以恆。」

「我從來沒有把一件事做好過。」

「反正永遠不會有人認同我的。」

但是，請等一等。

一心想著自己很糟糕的你，是不是把問題的原因搞錯了？

**你是不是覺得什麼事都做不好，是因為你有問題**？

瘦不下來、工作犯錯、被毀謗中傷、存不了錢、跟主管處不好，其實真正原因都不在於你這個人。

所以，請你停止自卑，別再說自己很糟糕了。

其實，原因是出在你的「心理雜訊」上。

你是受到心理雜訊的干擾，才會做什麼都不順。

## 心理雜訊就是心靈壞習慣

事情做不好，是心理雜訊造成的。

這種說法應該會讓你覺得摸不著頭緒吧？我在平日的諮商中，會透過對話慢慢引導對方，讓對方感受到雜訊是什麼。

因此，接下來我會一步一步地解說，讓閱讀本書的你，也能感受到「原來這就是雜訊」。

比方說，你是否有過這樣的經驗？

在社群媒體上看著別人的貼文，心想「大家都過得好充實，只有我這麼沒用」，不禁陷入沮喪。反觀自己，根本找不到事情可以在社群媒體上分享，就算有，也會猶豫該不該貼出來。

現在甚至出現了「社群媒體憂鬱症」一詞，想必這是個滿普遍的狀況。

話說回來，我們到底為什麼會像這樣陷入沮喪或猶豫不決呢？

舉一個十分簡單明瞭的例子，說不定你也已經察覺了。

那是因為你很羨慕別人能貼出和朋友盡情享受生活的照片，或覺得自己的貼文、照片沒人按讚的話會很遜，也不希望貼出後遭到攻擊。

其實這就是雜訊的一種。

**你是否會莫名感到胸口亂糟糟的、悶騰騰的呢**？此時，就是雜訊在干擾你的想法或行為。

簡言之，**心理雜訊就是你所養成的心靈壞習慣**。

其他簡單的例子，應該要多少就能想到多少吧——

因為怕被自己喜歡的人討厭，所以不敢主動開口，也不敢傳訊息給對方。

為了想讓朋友覺得自己是個好人，所以不敢拒絕朋友的拜託。實際上，不見得會變成如自己想像的那樣，但就是忍不住會有那些想法出現。這正是雜訊。

當這類狀況一再發生，我們就會開始覺得自己真是個沒用的人，自我肯定感也會因而變低。

**如果你也有過這種胸口亂糟糟、悶騰騰的感覺，那就是雜訊正在啓動的證據。**

看到這裡覺得如何？

原本摸不著頭緒的雜訊，現在你是否也有「好像真的有類似經驗」的感覺？

但上述提到的，還只是一小部分雜訊而已，只是基本入門款的雜訊。接下來才是問題的重點。

人的心理和大腦的機制十分複雜，**事實上，日常生活中，各式各樣你毫無自覺、**

**不曾想像的雜訊，隨時都在啟動**。

但請放心，我們有方法可以找出這些雜訊。而找出雜訊，正是要跳脫「怎麼做怎麼不順」的狀態時，非常重要的一步。

## 莫名做不到，其實是不想做

讀到這裡，只要你稍微能感受到雜訊是什麼，那麼就請你抱著**「我的內心有雜訊正在干擾」**的想法，繼續讀下去。本書的插圖中，會將這些雜訊畫成在正在作怪的小惡魔，這是**因為我們必須把自己與雜訊切割開來看待**，這點十分重要。

接下來，要講的也是關於心理雜訊，但內容比較深奧一點。

讓我們再來看一個例子。

你自己或你身邊是否有這種人？每年都在發誓：「今年一定要瘦下來！」「今年一定要好好存錢！」卻沒有一次真的執行。

我自己也有過類似經驗。這時候，我們就會自怨自艾地想著「為什麼我都做不到」，自我肯定感也因此降低。

但實際上，這也是心靈壞習慣的雜訊所造成。因為心理雜訊會在我們沒有自覺的狀態下，幫我們踩煞車。

**老是說自己想瘦的人，反而可能在內心深處認為：要是瘦下來就糟了。**

如果是你，當別人這樣對你說時，你大概會想：「怎麼可能！」

這也難怪，畢竟說想瘦的人，不會是說假的。但我在諮商的對話過程中，聽了許多人的說法，反而發現，**當事人內心往往會出現與自己想法相反的雜訊。**

舉個例子，假設有一個想瘦卻瘦不下來的人來找我諮商。

當事人當然是真心想著：「我想瘦下來，瘦下來比較好。」

這時我就會問對方：

「你為什麼這麼想瘦下來？」

對方會回道：

「瘦下來比較健康，外表給人的印象也比較好吧?!」

接下來是重頭戲。

「瘦下來不會有什麼困擾嗎？另外，對你來說維持現狀完全沒有優點嗎？」

當我這麼一問（實際上會用更細緻的方式來回提問），有時會出現意料之外的答案，甚至連當事人都大吃一驚。

「你這麼一提，的確有些人大概是減重的方式不當吧，瘦下來後就常常生病，還是得小心。啊，還有，我喜歡的對象通常都是比較有肉的人。因為我父母偏瘦，身體不太健康。」

當然，當事人只是被我問了，才說出這些話。

但這些都成了當事人下意識中的煞車。換言之，當事人內心存在著「不要瘦下來比較好」的雜訊。

**頭腦明明想說「我想瘦下來」，內心其實存在著「不要瘦下來比較好」的雜訊。**

頭腦與心靈背道而馳。

**因為沒有發現內在的這種狀態，於是自我肯定感愈來愈低。**

畢竟呈現在自己眼前的，就只有「想瘦下來的自己」和「瘦不下來的結果」，當然會陷入沮喪。**因為不明白自己為何做不到，才會如此痛苦，才會覺得人生好難。**

不只是如此而已。

或許當事人看到那些有點豐滿卻又活得很自在的人，也會覺得很羨慕。說不定面對那些能做好自我管理、身上不帶贅肉的人，也會感到自卑。

**「莫名地做不到」其實可能是「不想做」**。然而，如果沒有發現內心的雜訊，恐怕就會陷入「為何我這麼沒用」的負面迴圈中。

先**停止自責吧**。

將你的目光投向內心的雜訊。光是做到這一點，就能讓心態產生大幅度轉變。

# 大腦
# 會擅自捏造出
# 雜訊

## 人的行為九成來自無意識

心靈的壞習慣變成雜訊，與大腦所思所想的背道而馳，這不僅會讓思考愈來愈負面，還會不斷踩煞車阻止自己付諸行動。

但你不覺得很不可思議嗎？我們竟然連自己到底想瘦還是不想瘦都搞不清楚，還會在無意之間替自己的行為踩煞車。

不過，從人類的機制來看，**無意識中改變想法或行為，可說是理所當然的事。**

這裡讓我問大家一個問題。

你現在正在讀這本書。**在這之前，每次要翻頁時，你會不會有意識地想著說「好，現在我要翻頁了」**？

我想絕大部分的人在翻頁時，應該都不會有意識地想說要翻頁吧。

我要表達的是，其實很多時候，**你都是靠無意識在行動的**。

不然，你可以回想看看自己從早上開始做過的事。用哪隻手把棉被掀開、用哪隻手打開廁所門把、握住了牙刷哪個部分、用哪根手指按下微波爐的按鈕……

在做每一個動作時，你究竟使用了多少的意識？真正有意識執行的，應該不多吧？不只是你而已，我也是如此，大家都是如此。

**一般認為，人類九十％以上的行為，都是在無意識中進行的**。

其中一個很明顯的例子就是騎腳踏車。騎腳踏車時，我們不必有意識地去思考每個踩踏的動作，也能自動辦到。

此外，我還能舉出很多行為，是我們不知不覺中開始做的。例如，等待紅綠燈時，當身旁的人一向前邁步，我們就會不知不覺跟著向前走；有人突然回過頭去，或抬頭向上看時，我們也會不自覺地往同一個方向看去。

我們的心理雜訊就如同這些行為，**是在不知不覺中啓動，並擅自製造出你沒有意識到的行為**。

最近，許多人都在強調「養成習慣」的重要性，這也是因為**無意識行為遠比有意識行為更能發揮強大的影響**。無論是減重、重訓，還是學習，如果不能變成不靠意識也能執行的話，就無法持之以恆。

簡言之，**大部分的人都沒有什麼強大的意志力**。如果你是為了「意志力薄弱」感到困擾，那麼你其實也不必那麼唉聲嘆氣。因為大家都和你一樣。

## 雜訊潛藏在無意識中

說到這，內容已經有點艱深了。

但是別擔心，我會只挑出對你而言重要的部分，做概略的說明。

請看下頁的圖，這是用插畫來表現人類的意識和無意識。

近年來，因為ＡＩ和腦神經科學的研究突飛猛進，主流觀點對於人類意識與無意識的關係，也逐漸變成如同下頁圖所示，無意識在上方，而意識在下方。

而且，無意識與意識之間，還存在一層潛意識。日常生活中，我們幾乎不會察覺到無意識和潛意識。

簡言之，所謂的意識，是指**平常你所能覺知到的思考及判斷**。比方說，「今年一定要瘦下來」的想法，或「我決定買下這本書」的判斷。

而**所謂的無意識，則是指在此之外，不經思考或判斷就會做出的行為**。前面說的

無意識
潛意識
意識

騎腳踏車，或走路方式、開門方式，還有連呼吸都屬於無意識行為。

心靈的雜訊存在於潛意識部分，這裡是無意識與意識的橋梁。從圖來看，因為這些雜訊藏在沉入海中的部分，也就是還未抵達意識的部分，所以連你自己也難以察覺。

請回想一下心理雜訊的插圖。正是那些頑皮鬼，藏在你內心作怪。

我在開頭舉了一個例子，有一個人明明「想瘦下來」，內心卻存在著「最好不要瘦下來」的雜訊。

因此，**頭腦與心靈、意識與無意識，會這樣背道而馳，從人類的運作機制上來看，是理所當然的事**。

話說回來，無意識與潛意識又有什麼差別呢？關於這個問題，容我留到下一節說明。

## 雜訊會隨著日積月累不斷增加

**潛意識與你的自我肯定感有著極深的關係。**

我們經常可以聽到這樣的說法：培養自我肯定感「必須從孩童時期的教育、養育方式開始做起」。這麼說是因為自我肯定感與潛意識有著極深的關係。

讓我先詢問你一個問題。

**你認為偷東西是壞事？還是好事？**

我認為世上的觀點可以不只一種，不過，絕大部分的人應該會回答是壞事吧。雖然電影或電視劇中也會出現義賊這類善良的小偷。

那麼，你是從什麼時候開始認為偷東西是壞事的？

應該不會有人明確記得是從哪個時間點開始的，但你可能從進小學前就有這樣的想法。有可能是父母教導你的，也可能是你差點偷拿別人的東西時遭到了責罵。應該是在某個原因下，讓你開始理所當然地認為，偷東西是一件壞事。

**你出生至今各種體驗的記憶，就是像這樣保管在你的潛意識中。**

因此，我們的潛意識在襁褓時期是空的。嬰兒無論哭笑、喝奶，都是無意識的行為。就和呼吸一樣，純粹是出自於需要的行為。

**出生後，我們會經歷各式各樣的體驗，記憶便會在潛意識中不斷累積。**

根據腦神經科學的研究，記憶分成兩種。

一種是透過身體記住的記憶（程序性記憶，Procedural memory）。

另一種是透過頭腦記住的記憶（陳述性記憶，Declarative memory）。

一般認為，嬰兒會先發展程序性記憶，後發展陳述性記憶。

此外，陳述性記憶又分為語意記憶（Semantic memory）和情節記憶（Episodic memory），前者是只以知識的型態保存的記憶，後者則是會與時間、場所，乃至當時的情緒一同保存的記憶。此二者則是先發展語意記憶，後發展情節記憶。研究者認為，多數的人沒有三歲以前的記憶，就是因為在那之前，我們的情節記憶尚未發展完全。

整理一下前面的重點。

一、人在襁褓時期只會做出無意識所需的事。

二、隨著人逐漸成長，我們會經歷各式各樣體驗，同時記憶也會被存放入潛意識中。這些累積在潛意識中的記憶，就會發展成雜訊。

換言之，**干擾你的心理雜訊，也是在你過去的人生過程中，後天發展出來的**。

原初的我們既沒有心理雜訊，也沒有自我肯定感的煩惱。無論是偶像、運動選手、或好萊塢明星無不如此。真正在作亂的，其實是我們潛意識中的雜訊。

## 六歲前的體驗及記憶是雜訊的來源

那麼，你的潛意識中究竟積藏著什麼呢？這大大受到生長環境左右。

請再讓我詢問一個問題。

你覺得賺錢很辛苦嗎？

還是很輕鬆容易呢？

我想一定有人回答辛苦，也有人回答容易。

**答案並沒有正確不正確之分。**

其實這個答案會根據你的生長環境而有所不同。

比方說，家裡非常富有，靠房屋租金或股市投資就能不斷增加財富，出生於這種家庭的孩子應該就會覺得賺錢很容易。父母幾乎能買給他們所有他們想要的東西，也會經常帶他們去遊樂園或各地旅行。

生長在這種環境下，自然會覺得「錢其實還滿容易賺的」或「能夠事半功倍地賺錢是件幸福的事」。

相反地，如果每天看著父母早出晚歸，工作到疲憊不堪，才好不容易能湊足生活費的話，這樣的孩子又會如何呢？

他們的衣服是穿哥哥姊姊留下的，如果沒把碗裡的飯吃乾淨，就會被臭罵一頓。

生長在這種環境下，自然會覺得「錢要辛辛苦苦才賺得到」或「即使縮衣節食，只要有工作就很幸福了」。

正如俗話所說的「三歲看大，七歲看老」，**年幼時的體驗會一直留存在我們心中。**

被深植在潛意識中的記憶及思考方式，在**心理學上稱為「思維模式」（Mindset）**。

這是史丹佛大學心理學教授卡蘿・杜維克（譯注：Carol S. Dweck，著有《心態致勝》一書，原書名即為「Mindset」，該書則將「Mindset」譯為「心態」）所提出的理論。簡單來說，思維模式也可以置換成「價值觀」「倫理觀」「信念」等說法。

一般認為，**思維模式的原型會在六歲前定型**。

你不妨也回憶一下自己的兒童時期，看看是否有以下經驗：

- 被喝斥「不准哭」。
- 道歉後得到讚美。
- 一個人靜靜地待著，就讓父母很開心。
- 以宏亮的聲音回話後，大人就摸頭說「好乖」。
- 打了旁邊的小朋友，結果被大人罵。
- 說了謊話，讓父母很失望。
- 沒有遵守規定，就被叫到外頭罰站。

啪
啪
啪
啪
啪
啪
①用功讀書就得到誇獎
潛意識
③因為哭出來而被罵
②因打人而被討厭
④跌跤後被人嘲笑
①應該用功念書
②打架是壞事
③不能哭
④不能跌倒
化成思維模式

這樣的經驗會留存在你的潛意識中，變成雜訊的來源。

請回想一下開頭提到的「想瘦卻瘦不下來的人」。父母偏瘦又容易生病的經驗，成了當事人的雜訊，而在自己想瘦下來時，無意識地替自己的行為踩煞車。

**年幼時的體驗，無論再怎麼微小，都會對現在的你造成強大的影響。**

形成思維模式的其中一項來源，就是**心理學或自我肯定感相關主題中經常提到的禁止訊息**——

- 「不准說謊。」
- 「不准瞧不起人。」
- 「不准剩飯。」

這些是父母會用「不准×××」的句子教導我們的事情。

這類話語你應該也能立刻想起一兩句。

這些被刻印在潛意識中的訓誡，可能發展成我們的心理雜訊。

但我不用禁止訊息，而另外創了心理雜訊一詞，是因為我發現，思維模式的來源並非只有禁止訊息，還包含孩童根據自我判斷付諸行動後所得到的體驗。

以前面的例子來說，「一個人安靜地待著，就讓父母很開心」正是其中一例。

這是孩童自發性做出的行為，至於得到鼓勵，則是伴隨該行為而來的結果。這樣的經驗也會扎實地存入潛意識中。

無論行為是強制性或自發性，只要是兒童時期建立起的思維模式，都有可能成為心靈上的干擾。最後我便將這類思維模式，取名為「心理雜訊」。

畢竟雜訊可說是一種噪音，當內心發出噪音時，我們就會感到不快，也很難有積極向前的心情。

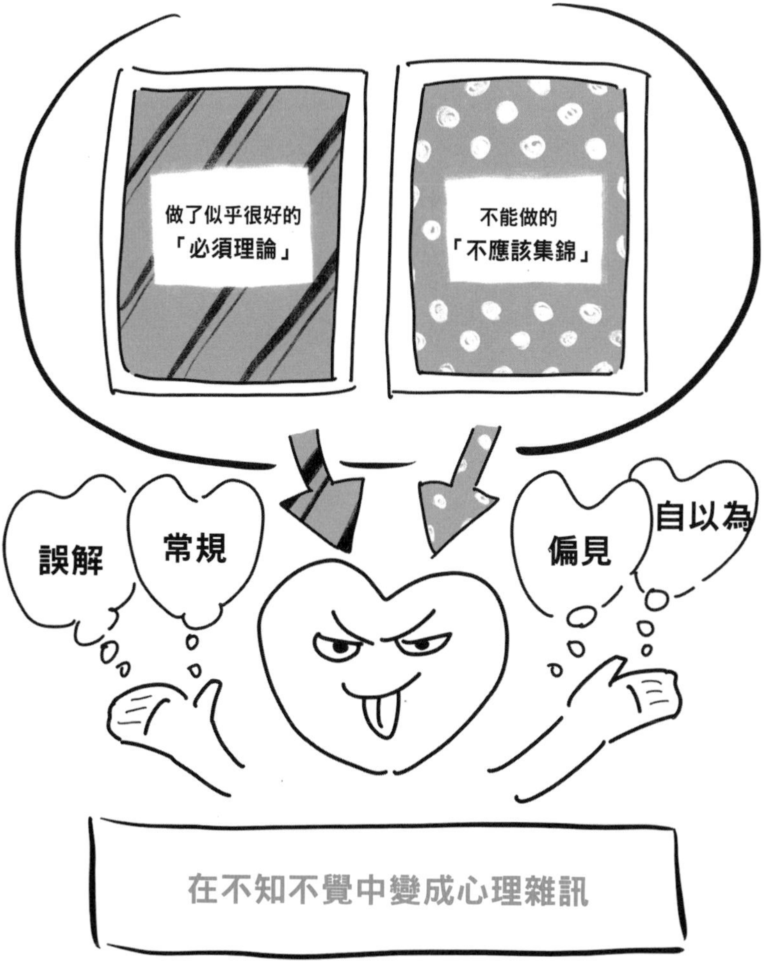
做了似乎很好的
「必須理論」
不能做的
「不應該集錦」
誤解
常規
偏見
自以為
在不知不覺中變成心理雜訊

# 每個人都
# 活在
# 嚴重誤解的世界裡

## 世界由「意識到的事物」所組成

簡單來說，思維模式就是兒時建立起的**「自以為」**。因為是自己擅自這麼認為，所以是一種誤解。

因為誤解會從小持續到大，所以可說是「嚴重誤解」。

其實我們都活在「自以為」的世界裡。

你可曾聽過**「彩色浴效應」（Color Bath Effect）**？

舉例來說，當你想要一輛黃色的汽車時，你就會發現世上的黃色汽車變多了。這種現象就是彩色浴效應。

或者，你現在立刻閉上眼睛，試著回想身邊有哪些物品是黑色的。你能想出幾樣？請花十秒鐘想想看。

你想出了幾樣？應該不多吧？

那麼，現在請你環顧四周，找找看有哪些物品是黑色的。

黑色物品應該還不少吧？說不定你會發現怎麼到處都是黑色的東西。這是因為你正在留意「黑色物品」。

當我們留意黑色物品時，就會發現到處都是黑色物品；當我們在留意白色物品時，就會發現到處都是白色物品。但是實際上，我們的周遭一點變化也沒有，這是不是很神奇？

**光是改變自己的意識，就會改變我們看待事物的方式。這正是自以為的世界、嚴重誤解的世界。**

我們都活在這種自以為的世界裡。

如果我們一直如此自以為是地活著，就會不斷地把我們未留意到的事物摒除在外，於是我們就會變得愈來愈自以為是。

有時，我們會批評主管、父母、或鄰居的叔叔阿姨「頭腦固執」，但你自己的頭腦也會愈來愈固執，所以要多加注意。

**我們的自以為，會隨著反覆經歷相同的經驗，而變得愈來愈強烈**。

舉個例子，假設你的潛意識裡建立起了一個「必須把被交代的事做到完美」的思維模式。每當你做到盡善盡美後，就會得到獎勵；每當你做不到，就被責罵。這樣的經驗重複多次下來，「必須做到完美」就會變成理所當然的事。

接下來，你的心中就會產生「非完美不可」的思維模式。

當你內心存在著這樣的雜訊時，無論任何事你都不會允許自己做不好，不僅如此，看到有人做不好時，你也會感到煩躁不安。

不管什麼都能做到完美，是一件了不起的事，然而，就算沒做到也不代表你沒用。犯錯失誤當然是愈少愈好，但沒有一個人是完全不會犯錯的。所以，**當內心存在這種雜訊時，就會讓我們感到窒息**。

# 察覺雜訊

# ＝

# 自我認知的開始

## 愈認真優秀的人愈要注意

每個人都有心理雜訊，而且心理雜訊不會消失。

因為我們經歷過的事物，只會不斷被存放進我們的潛意識裡。**人只要活著，就算什麼事都不做，雜訊也會持續增加**。

而形成雜訊的那些自以為的想法，也會不斷被強化。

但這世上還是有一些人，能過著不受雜訊干擾的人生。那些人是無論做什麼都很順遂，或者，被認為是高自我肯定感的人。

看到這群人時，應該有些人會心想：「是不是只有我有這些心理雜訊，他們都沒有？」

容我再次提醒，**每個人都有心理雜訊**。

但**有些人會被雜訊干擾，有些人則否**。

多數被雜訊干擾的人，都是「認真努力的人」。雖然這一型的人在社會上是受到肯定的，但其實也是處於危機中的一群。

**認真的人容易受到雜訊干擾的原因有二**。

**第一，面對眼前問題，他們會試圖解決，絕不善罷甘休**。如果懂得巧妙躲開問題，或睜一隻眼閉一隻眼的話，根本就不會受到雜訊干擾。

但認真的人會輾轉反側地思考：為什麼明明非瘦下來不可，我卻瘦不下來呢？為什麼明明不能出錯，我卻頻頻出錯呢？為什麼我做不到呢？

最後認定是自己能力不足、是自己心理素質不夠強韌，而沒有察覺到是雜訊在無意識中踩煞車。

**第二個原因，就是他們循規蹈矩**。

我諮商過的個案中，有很多在學業、工作上都很有成就。但當事人卻苦於人生不順。

這些人的共通之處就在於，他們一直以來都認真遵守著父母的教導、學校的規範，努力讓自己變成「應該有的樣子」。所以會強烈受到雜訊影響。

請你直接認定，怎麼做都做不好的事，或長期無法解決的事，絕大部分問題其實都出在心理雜訊上。

當然，認真絕對不是壞事，壞就壞在尚未察覺做不好的原因，其實是來自於心理雜訊。

## 有煩惱就說「雜訊出來囉！」

接下來要介紹的是如何找出你的心理雜訊，以及如何不受心理雜訊干擾。但在這之前，必須先記得一件事，就是要意識到雜訊。

當我們開始煩惱、當事情做不好時，建議各位先把問題歸咎在心理雜訊上。

「雜訊出來囉！」

「雜訊可能又出現了。」

請試著這樣說看看。

無論是減重減得不順利時、工作出包時、和主管產生芥蒂時、資格考沒通過時，還是出國留學受挫時，都盡量把原因都歸咎在雜訊上。

**想要認同、接納現在的自己，就必須先能客觀審視自己。**

我們必須跳脫出人生不順的當事人角色。當我們以第三者的觀點檢視狀況時，常常會意外發現，這些事其實沒啥大不了，或自己竟然在為這麼愚蠢的事煩心。

要做到客觀審視自己——心理療法所說的「自我認知」或「自我覺察」——其實沒那麼容易吧？這時，心理雜訊就是一個很好用的概念。煩惱出現時，管他三七二十一，先歸咎在心理雜訊上，並想像自己置身於自己之外。這麼一來，就能讓自我認知、自我覺察變得容易許多。

為什麼都做不好？
為什麼我這麼沒用？
痛苦不堪
原來是這傢伙在搞鬼啊！
那接下來該怎麼做呢？
自我認知＝解決問題的起跑點

## 簡單找出雜訊的方法

要想將問題歸咎在心理雜訊上，就必須察覺雜訊的存在，而且要具體地找出雜訊。只不過，正如每個人都有自己的思維模式，心理雜訊也是千千百百種。下一章起，我將解說如何找出心理雜訊。

**尋找的方式大致分為兩種**。

第一種方法是，**從十四項代表性的「常見」雜訊中，找出比較符合自己的項目**。這個方法是根據線索找到潛意識深處、連自己也難以察覺的雜訊。

另一種方法是**「正反思考法」**。

這個方法是用來找出自己比較容易察覺的雜訊。任何人在日常生活中遇到煩惱時，都能使用這個方法。

第二章會先將第一個方法分成以下十四項雜訊，逐一介紹。感覺有點類似占卜遊戲或性格測驗，因此可以放鬆心情，當做在閱讀輕鬆的測驗遊戲。

①挑毛揀刺雜訊（自己最好是個無足輕重的人）
②封印真我雜訊（最好不要做自己）
③思考停擺雜訊（最好不要自己思考）
④他人優先雜訊（最好不要有自己的欲望）
⑤謙虛謙讓雜訊（最好拒絕接受）
⑥出頭鳥雜訊（最好不要成功完成一件事）
⑦鐵杵磨成針雜訊（最好繼續忍耐）
⑧對人恐懼的背叛雜訊（最好不要信任他人）
⑨獨立自主雜訊（最好別當個小孩子）
⑩幸福恐懼症雜訊（最好不要變得幸福）

⑪完美主義雜訊（非完美不可）
⑫時間即金錢雜訊（非趕快不可）
⑬盛情款待雜訊（非討好他人不可）
⑭被虐狂雜訊（非努力不可）

這裡列出的都是大家經常認為「自己不可能有」或「這是做人本分」的心理雜訊。

但同時，這些也是那些諮商時會說「因為我的自我肯定感很低……」「我不覺得自己有什麼價值……」「我做任何事都沒自信……」的人，容易有的傾向。

請找找看有沒有哪一項會讓你覺得「這個我好像有！」的？光是有這樣的覺察，就能讓我們的心靈得到釋放。

# 第 2 章

# 你的雜訊是哪一種？
# 14 種心理雜訊診斷

# 從常見的煩惱中
# 找出你的心理雜訊

## 雜訊診斷的兩項基準

正如第一章所介紹，對低自我肯定感的人造成困擾的心理雜訊，主要有十四項。

如果有任何一項讓你覺得**「我可能也是這樣」，那麼這將是你改變自己，以及改變自我懷疑習慣的大好良機**。

- 從無法表達自己的想法，變成能說出內心所想。
- 終於能實現挑戰了許多年的事。
- 從經常自己一個人鑽牛角尖，變成能向人請教。
- 讓自己長期努力的事獲得他人肯定。
- 能開始執行過去因想太多而遲遲沒有付諸行動的事。

長期困擾著你的「做不到的事」，將會變成「能做到的事」。

不過，**最棘手的就是，藏在潛意識深處的心理雜訊很難察覺**。有時，甚至要在專業的心理諮商師幫助下，才能發現。

為了找出那些對你造成困擾的心理雜訊，本書設定了兩個判斷標準。

第一個是，你的煩惱**是什麼樣的煩惱**？

這十四項心理雜訊，分別會造成與其相對應的煩惱。例如：

・做什麼事都沒有自信。
・總是忍不住跟他人比較而陷入沮喪。
・自己無法下決定。
・想說的話說不出口。
・總是在意別人的臉色……

如果文中提到的煩惱與你的狀況符合，就可以從中找尋你的心理雜訊。

另一個判斷標準是，你是在**什麼樣的環境下長大的**？

心理雜訊來自於兒時建立起的思維模式。

不同的環境會產生不同雜訊。回憶兒時經驗，常常能讓我們恍然大悟，為何自己會變成現在這樣。例如：

- 在嚴格的家庭中長大。
- 成長過程中總是受到獎勵。
- 父母將一切都打點好了，自己什麼都不用做。
- 總是被嚴格要求要守時。

如果文中所描述的，符合你的生長環境，那麼該環境就是你的心理雜訊來源。

不過，即使了解到你的心理雜訊來自環境，也請不要責怪自己的父母。他們一切的本意都是為了你好，畢竟也讓你安然長到了這麼大。那麼，接下來就讓我針對每項心理雜訊一一介紹。

# 1

# 缺乏自信、總覺得自己一定做不到

〔常見的雜訊症狀〕

・在眾人面前說話會緊張害怕。
・犯了一點小錯，就會留在腦中揮之不去，讓自己一整天陷入陰鬱。
・害怕接受必須承擔責任的工作。
・因為一直繃緊神經告訴自己「要堅強」，導致回到家時變得筋疲力竭。
・當有人問「想做做看這個的人舉手」時，會忍不住低下頭去，避免跟詢問者對上眼……

這一類型的人做任何事都沒有自信，無法表現得落落大方，只要犯了一點小錯，就會一直放在心上。

因為你誤以為自己是沒有價值的。

所以你不但會避開需要擔負責任的立場，也會以為「自己就只有這點能耐」而不積極爭取。其中還有些人為了隱藏自以為是真相的這項誤解而打腫臉充胖子，或演出一副自信滿滿的樣子。

對自己缺乏自信的人，內心潛藏的雜訊是：

## 「挑毛揀刺雜訊」。

一個人從小在不停被人挑三揀四的環境中長大的話，就很可能出現這種雜訊。

「怎麼連收拾東西都不會，那你還會什麼？」

「你不用碰，你還太小，只會愈幫愈忙。」

「當足球選手哪有你想的那麼簡單？」

「你怎麼連這個字都不會寫？」

**當小孩一做事就會這樣被挑剔、被否定的話，長期下來自然就會習慣性地認為自己是不重要的。**再者，每當孩子有煩惱，想跟父母傾訴時，反而經常遭到漠視或輕視的話，又會加強孩子的這種想法。

沒有一個剛出生的嬰兒會覺得自己沒用；但長大後的自己，卻變得毫無自信……出現這種狀況，只是因為你被人灌輸了「你很沒用」的想法而已。

既然「沒用」是被別人硬要貼在你身上的標籤，你也就沒有必要一直小心翼翼地戴在身上。

自己的價值自己決定。對自己挑三揀四，不過是一種心靈的壞習慣而已。

你不妨當成在糾正抖腳或咬指甲這類壞習慣，每當發現自己「老毛病又犯了」的時候，就叫自己停止。透過反覆練習慢慢改掉這個習慣。

## 讓別人來決定自己的價值……這種人生你還想持續多久？

# 2

# 忍不住跟人比較而陷入沮喪

〔常見的雜訊症狀〕

- 在社群媒體上看到他人光鮮亮麗的貼文，就會感到沮喪、不開心。
- 覺得明明自己很努力，受到肯定的卻都是別人。
- 聽到親近的人公布「好消息」，或同事、朋友受到稱讚時，都無法真心為對方高興。
- 過分在乎他人評價，總是拿別人跟自己做比較。
- 容易被別人的意見帶著走，沒有自己的原則，自己都搞不清楚自己是誰。

現在常常聽到「社群媒體疲乏」一詞。看到身邊過得十分順遂的人，就忍不住跟對方比較，因而陷入沮喪、感到自己很沒用。這樣的經驗你應該也有過吧？

大多數都是因為對方比自己能幹或優越，才會在無意瞥見時，感到胸口一陣騷亂。然後，每比一次，就多洩氣一次。

不僅如此，當你看到過得比自己差的人，便開始感到欣慰，但你又對這樣的自己產生厭惡，結果陷在負面情緒的漩渦裡，無法自拔。

因為沒有自己的原則，所以也會為了達成對方的期待而勉強自己。

凡事都要跟別人比較的人，內心潛藏的雜訊是：

## 「封印真我雜訊」。

這種類型的人認為**「不能做真實的自己」**，因而過分在意他人的評價，處處想要得到他人的認同。

如果從小的生長環境是「真實的自己」得不到認同，**又被迫為他人的理想而活，就可能產生這種雜訊**。

「隔壁的○○上次考一百分耶，你看看人家這麼棒。」

「哥哥小學三年級就會了，你一定也可以。」

如果父母或周遭的人經常把兄弟姊妹或別人家的小孩當成普遍性的標準，拿來跟你比較，你就會深信自己必須符合這樣的標準。如果還被迫背負起他們擅自認定的理想，那麼「最好不要做真實自己」的想法，就會在心中變得愈來愈強烈。

**當封印真我雜訊愈來愈茁壯，這個人就會開始失去自我，並對周遭的人在意得不得了。**即使知道「人比人氣死人」，還是無法輕易切換心境。

但之所以無法展現出真實的自己，原因其實出在你的自以為。其實你是在瞧不起周遭的人。**難道周遭的人都這麼心胸狹窄嗎？當你做「真實的自己」時，他們就會不認同你、不肯跟你當朋友嗎？**

絕對不是如此吧？請你在一、兩個你敢嘗試的人面前，練習慢慢展現出真實的自己吧。

**真實的自己再怎麼不好，也不該捏造出一個「大家都認同的自己」。**

3

# 不擅長自己做決定、缺乏決斷力

〔常見的雜訊症狀〕

・明明很想買一件衣服，但自己還在猶豫不決時，已經被別人買光了。
・點餐時無法決定要點什麼，讓朋友等得不耐煩。
・每年都想著「我想去國外旅行」，卻從來沒有成行。
・每次思考一件事到最後，都只在原地打轉，動腦筋太累，想了也沒有結論。
・「要減重、要減重」地想了很多年了，卻完全沒有瘦。
・被別人詢問「該怎麼做比較好」時，都會回答不出來。

要花很多時間才能做決定、老是下不了決心、經常因優柔寡斷而喪失機會。如果發現自己是個做什麼都不乾不脆的人，應該會令你快快不樂吧？連小事都這麼難做決定，說到結婚、換工作、創業等大事，就更舉棋不定了。當你看到身邊有人可以乾淨俐落地做出決定時，說不定還因此會對自己的沒出息備感厭惡。

不擅做決定的人，內心潛藏的雜訊是：

# 「思考停擺雜訊」。

這種類型不是沒有決斷力，而是誤以為**「不是由自己思考、不是由自己決定，事情才會順利進行」**。如果你的生長環境是什麼都由別人安排好、決定好的，你就很可能產生這種雜訊。

「別吃漢堡排啦，炸蝦比較好吃喔。」

「黃色不好看啦，粉紅色的比較可愛。」

如果父母或周遭的人對你過度保護、過度干涉，而自己喜歡的事物經常遭到他們反對，他們又常常半強迫替你做出決定的話，你就會認為「自己最好什麼都不要想」，**進而養成不思考的習慣**。

再者，當你小時候想加入一群大人的話題，卻被大人驅趕說「到一邊去」「這裡沒你小孩子的事」時，「自己的意見不重要」「最好什麼都不想」的雜訊，就會在你心中變得更加強烈。

思考停擺雜訊是一種非常恐怖的雜訊。**因為養成了自己不思考的心靈壞習慣，所以會輕易被影響力強大的事物（媒體的誇大報導、名人及政治人物的發言、社會及大眾的潮流）牽著鼻子走**。

要找回自己的思考能力，就要當個有點討人厭的人。每次看到、聽到某項資訊，就要從頭到尾懷疑一遍。既然要懷疑，就必須自主性思考，所以能有效地讓雜訊逐漸縮少。

**思考停擺就是自己的停擺，自己的停擺就是人生的停擺。這樣的人生還有什麼樂趣？**

# 4

# 想說的話說不出口

〔常見的雜訊症狀〕

・明明今天想吃肉，卻因害怕別人反對而說不出口。
・看到大方表達自身欲望、活得毫不拘束的人，就會感到不耐煩、不順眼。
・雖然希望有人能幫忙，最後卻一個人加班到深夜。
・當別人問「想做做看的人舉手」時，自己卻不敢舉手。
・已經不知道自己想做的事到底是什麼了。

有些人無法說出想說的話，或總是不好意思提出要求。要是本人也不以為意的話倒還好，但如果會在事後懊悔當初怎麼沒說、當初怎麼沒拒絕，那就會演變成你身上的各種煩惱。

你若無法為自己發聲，有時甚至會變得連自己都不知道自己想要什麼。這種狀況到達一個極致時，你將找不到想做的事、不知道自己想做什麼，煩惱也由此而生。

想說的話說不出口的人，內心潛藏的雜訊是：

## 「他人優先雜訊」。

**你思考時總以他人為優先，把自己放在其次**。如果從小生長在必須處處顧慮家人的環境下，就可能產生這種雜訊。

多數的一般家庭，不可能為孩子實現他們所有的願望。而孩子也能透過父母的交談察覺「家裡有錢沒錢」「父母是否忙碌」。接著，孩子就會開始有所顧慮，認為「最好不要說出自己想要什麼東西」。

**其中，長子、長女，或在眾多兄弟姊妹中擔任大哥哥、大姊姊角色的人，特別容易變得處處顧慮他人**。如果父母或周遭的人一直把「因為你是哥哥／姊姊，所以要如何如何」掛在嘴邊，你就會變得不敢說出自己的需求，這種習慣到了成年還會一直持續下去。

心理雜訊是下意識、全自動運作的。

因此要保持覺知，一察覺就督促自己停止。這種態度是戰勝雜訊的第一步。

關於「他人優先雜訊」的戒除方式，如果一開始就教你「自我中心一點」，恐怕也很不切實際，因此不妨**從辨別「自己抗拒的事物」「自己真的不想做的事」開始做起**。

當你發現這件事自己好像可以不做、可以拒絕時，就慢慢試著不再做那些事。至於無法不做、無法拒絕的事，則是必須在做的當下清楚意識到「我不喜歡做這件事，但我還是在做」。

**重點在於一點一點慢慢改變，而非從一開始就要自己徹底改頭換面。**

**以自己為優先的第一步，是重視自己不喜歡的情緒。**

5

# 無法接受他人的讚賞、得不到肯定

〔常見的雜訊症狀〕

- 無法欣然接受他人的讚美，聽到這種話反而會謙虛自處，或坐立難安。
- 覺得他人沒有給自己足夠的肯定。
- 如果對象太過理想，就會感到自卑，即使交往了也無法長久。
- 受推薦擔任主導者或負責人時，會忍不住拒絕。
- 看到同輩不斷升遷，只有自己還留在原地。
- 自己的商品或服務明明品質很好，卻賣不出去。

都已經這麼努力了，卻得不到認同、得不到肯定……有這種煩惱的人應該還不少。

當一個人在金錢、地位、結婚等有形事物上得不到認同時，**其實多半是因為你看不見別人的讚美、情感或關心，甚至非但不接受，還會把對方推開。**

無法得到認同的人，內心潛藏的雜訊是：

## 「謙虛謙讓雜訊」。

這個類型的人，雖然表面上感嘆著自己得不到別人肯定，**但潛意識裡卻無法欣然接受別人的感情或讚賞**。

「做得真棒，但不能光是這樣就滿足。」

「好厲害，可是別忘記要表現出謙遜的態度。」

即使在學業、工作或運動上有優異表現，仍會被別人這樣提醒。如果因此而懲前毖後、步步為營的話，有些人確實能因此得到成長，但也有些人會因為無法盡情地為自己開心而感到不舒坦。

甚至還有些人會因為低自我肯定感，而下意識地拒收他人的善意。

「自己只配得上這樣」「自己就只有如此而已」……當你這樣想時，**即使受到來自他人的讚美或肯定，你也會覺得自己不配，而啟動拒收機制**。

得不到認同、拒收善意、過度謙虛，這些在心理治療上屬於較深層的問題，而其根本原因，**九十九%來自於你和母親的關係**。

接下來或許有點沉重，但請花點時間回想一下這兩個問題：

一、得不到認同→你希望哪部分的自己得到母親認同？

二、拒收善意→你是否在拒絕什麼從母親那兒得到的東西？

**拒收善意的謙虛謙遜，只是小孩在鬧彆扭而已。該長大了，當個坦率接納他人善意的大人吧！**

6

# 總在臨門一腳時失敗、抓不住機會

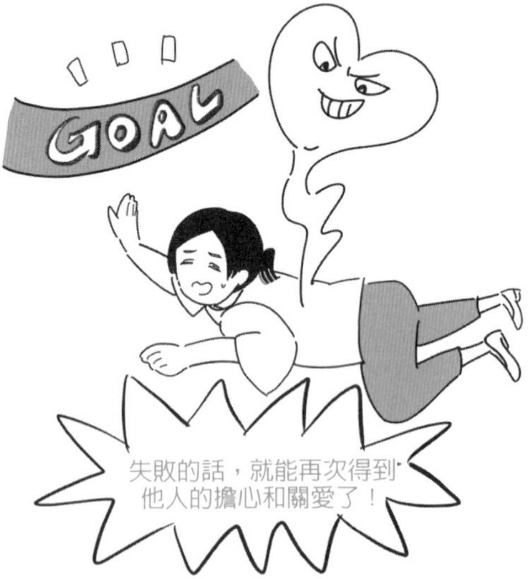
GOAL
失敗的話，就能再次得到
他人的擔心和關愛了！

〔常見的雜訊症狀〕

- 只差一步就抵達目標體重時，因為拒絕不了聚餐邀約而復胖。
- 好不容易才為旅行存下了一筆錢，卻因一次衝動性購買而敗光。
- 才被交付了主導者的工作，卻因遲到而被降格。
- 回顧自己的人生，覺得自己平時練習時似乎都還好，一到重大關頭就會出差錯。
- 生意都已談成，只剩下最後簽約，卻在簽約前的一通電話中，因失言而被對方取消交易。

本來一切都很順利，卻在最後關頭吃下敗仗。

本來獲得一個大好機會，卻因粗心大意而出包。

有一類人就是常常會功虧一簣。

如果你在人生中不斷遇到怎樣都無法跨越最後一關的經驗，**就會變得只看到自己哪裡做不好，變得過分自我挑剔**。接下來，又因對自己太過嚴格，而把自己逼到無法負荷。

經常功虧一簣的人，內心潛藏的雜訊是：

# 「出頭鳥雜訊」。

槍打出頭鳥。正如這句諺語，**有時愈是傑出、愈是萬衆矚目的人，反而愈容易變成衆矢之的**。

比方說，某次考試拿到了一百分，卻因此招人妒忌。

因認真做事得到了老師誇獎，結果卻被同儕排擠。

開心分享自己在比賽中獲勝的事，朋友卻表現出一臉不悅的樣子。

如果你過去有過很多類似經驗，**內心深處就會對成功完成一件事產生排斥**。

再者，有時做事犯點小錯、做得沒這麼完美，反而比較受歡迎，比較得到疼愛。

如果平時不斷接觸到這樣的經驗，心裡就會開始產生一種奇妙的誤解，以為**「不要**

**成功完成一件事比較好」或「不成功才有糖吃」。**

雖然不少人對心理治療有些抗拒，但其實針對這項雜訊，有一種很簡單的心理療法。這個療法看起來很沒深度，但卻經常能發揮驚人效果。

行為受到「出頭鳥雜訊」影響的人，幾乎都有一個共通習慣。只要矯正了這項習慣，雜訊就能有效解除。這項習慣就是——

**在喝瓶裝或杯子裡的飲料時，最後總是會留下一點點，不會全部喝完。**

請矯正這個習慣，將飲料徹底喝完吧。最初可能會感到意外困難，但是十分值得一試。

**請把壓抑自己不出頭的能量，轉換成抬升自己、讓自己大大出頭的能量。**

# 7

# 一直堅持卻還是什麼都沒得到

〈常見的雜訊症狀〉

・公司業績不好，又發不出獎金。雖然自己還繼續待在這家公司，但對未來感到擔憂。

・「只要再這努力做一年，就能升上更高的職位。」這句話已經聽了三年，自己的狀況卻跟三年前一樣。

・好想結婚……這種交往關係到底要持續到何時……

・常常自願擔下沒人想做的工作，之後又感到後悔。

・覺得連別人的工作自己都扛下來做了，自己的年收入卻完全沒有增加。

如果你一直不屈不撓地堅持，卻什麼也沒得到的話，就會漸漸感到身心俱疲。雖然有些人會鼓勵說「再撐一下」或「一定會有好事發生的」，但不知道自己還得撐多久。要是看不到一個明確的時間點，任誰都會無以為繼。

再說，努力卻得不到收穫，也會讓你愈來愈不相信自己的能力，逐漸失去自信。

一直堅持卻什麼都沒得到的人，內心潛藏的雜訊是：

# 「鐵杵磨成針雜訊」。

「**忍耐是一種美德**」的價值觀，至今還根深柢固地留在一般人心中。

「雖然現在很辛苦，但撐過去就一定會否極泰來。」

「○○是個凡事很能忍耐的孩子，他將來一定會成功。」

直到十多年前，很多家庭中還經常能聽到這樣的對話。

你是否也曾被父母說過「哪有人要求這麼多的」或「你真棒，可以忍這麼久」？

即使長大成人後，耐力依然是一個相對受到肯定的特質。

即使是相同內容的心理雜訊，也會**因為所處時代不同，而產生好壞不同的影響**。

在社會高度成長期，無論是經濟或其他方面，都在快速向上發展，只要在原地苦撐，未來一定會有好事降臨。而且當時無論是工作或生活方式的選擇都較少，因此在那個時代，「鐵杵磨成針雜訊」可說是終極致勝的處世之道。

但如今時代已經不同。忍著忍著公司就倒了，忍著忍著就被裁員了，忍著忍著丈夫就外遇了……這些狀況在現今已是家常便飯。同時，在工作、工作方式及生活方式上，也都有各式各樣的選擇。

在這樣的時代裡，**拒絕辛苦忍耐，輕巧轉身、做出其他選擇，才是更有利的享受人生之道**。

你會選擇怎麼做呢？要不要試著停止忍耐，放下過去？你覺得自己放得了手嗎？

如果做的是自己喜歡的事，那麼要堅持個三年都無所謂；如果不是，三天就可以放手了！

# 8

# 不擅長與人相處

〔常見的雜訊症狀〕

- 無法跟別人變成好友、難以卸下防備、難以縮短人與人的距離。
- 與某個人變得親密時，就會忍不住開始築起高牆，遠離對方。
- 不擅長將工作交付他人，什麼事都要自己一個人解決。
- 與他人相處時經常感到尷尬，害怕雙方陷入沉默。
- 明明想相信他人，卻又感到自己似乎經常遭人背叛。

害怕接近他人、與人變得親密就會渾身不自在、與別人共處時無法放鬆……

**這種無法自然與人相處的人，往往不擅長和別人建立起適當的距離感。**

因為你不知道自己該敞開心扉到什麼程度，結果變成對任何人都心門緊閉。

而且，你覺得一個人獨處比較自在，而經常獨來獨往。

無法自然與人相處的人，內心潛藏的雜訊是：

## 「害怕他人背叛雜訊」。

由於你不善與人相處，總是遠離人群，因而無法培養出識人能力，所以你也可能因識人不清，經常遭人背叛。另一方面，如果你在人際相處上沒有問題，卻還是經常遭到背叛的話，那你也有可能是受到這種雜訊的影響。

這種雜訊的成因有可能只是一些雞毛蒜皮的小事。例如，曾目睹平常很溫柔的母親突然生氣，而在心裡留下陰影（覺得人是無法信任的）。因為最愛的爺爺奶奶過世，而感到悲傷不已（覺得與人太過親密的話，總有一天就會嘗到苦果）。這類在人際關係上突然受傷的經驗，會殘留在潛意識裡，而逐漸演變成**「最好不要信任他人」「最好不要輕易靠近人」**的雜訊。

不善溝通、不善言詞的特質，往往被認為是一個人自身的問題，但造成這類狀況的真正原因，其實是來自於你為了**保護自己**所製造出的雜訊。

事實上，處理心理雜訊的做法，除了緩解它之外，還有一種是反過來將雜訊加以利用。

你如果有「害怕他人背叛雜訊」，那麼照著自己的直覺走，就會在人際關係上出現問題，或者遭到背叛。因此，不妨反過來利用這項特點，試著去接近**乍看之下覺得「好像不太好相處」「好像很靠不住」「好像很可疑」的人**。看起來像好人的人，則是要刻意跟對方保持一段距離。

採取與平時相反的行為模式，就能反過來利用雜訊，即使不善與人相處，最後也一定能遇到願意和自己交朋友的人，或是真正能夠信任的人。

**氣味相投會招來同類的朋友，心理雜訊也會招來同一型的人。**

# 9

# 不懂得依賴他人、太顧慮他人而疲憊不堪

〔常見的雜訊症狀〕

・不喜歡拜託別人，結果老是剩自己一個人加班。
・看到那些有事沒事向人求助，或要求很多的人，就會覺得很礙眼。
・都是自己在照顧別人，卻得不到回報，吃虧的都是自己。
・不論何時，都在留意他人需求，自己反而無法盡興。

有些人特別通情達理，有些人則凡事都能成熟地應對進退。但這種類型的人，往往是強迫自己表現出這種形象。

因為你隨時隨地都很在意他人眼光，不想被任何人討厭，所以既不敢撒嬌耍賴，也不敢提出要求，更無法向他人尋求幫助。

有時，你還會因為經常壓抑自己的想法，所以一旦看到活得自由奔放的人，就會感到非常不快。

不知道怎麼依賴他人的人，內心潛藏的雜訊是：

## 「獨立自主雜訊」。

既然是個成熟大人了，就必須好好地自力更生。

這是非常明智的想法，**但如果你覺得自己總是在吃虧，又看不起那些懂得取悅討好的人，或一看到率性而為的人就覺得他們很幼稚的話**，那就是獨立自主雜訊在作怪。

其實，這種雜訊強烈反映出一個人生長環境的影響。比方說，因為你下面有弟弟或妹妹，而經常被說「因為你是哥哥／姊姊，所以如何如何」，但明明你自己也只是個小孩，卻被要求什麼事情都得打理好。如果父母都在工作而十分忙碌，或父母有人曾生病住院的話，就更是如此了。

這麼一來，誤以為「別當小孩比較好、必須把事情打理好」的想法就會愈來愈強烈。**說得好聽，是變得能體貼他人；說得難聽，就是變得經常看人臉色行事**。最後，你會因為過度要求自己表現得成熟穩重、過度強迫自己當個好人，而扼殺了自己內心孩子氣的部分，結果活得愈來愈痛苦。

**這種雜訊之所以麻煩，是因為你所做的已經超出周圍的期待了。**實際上不用打理得這麼好，你卻誤以為「不這麼成熟懂事就會被討厭」「不能給別人添麻煩」，而自行把門檻提高。

因此，解決方法是從可能的情境和範圍內，不要把事情打理得那麼盡善盡美，試著觀察一下別人會允許你給他們添麻煩到什麼程度。

一開始，不妨在便利商店結帳時，稍稍擺出面無表情的樣子。可以從這樣的小地方開始嘗試起。

**要完完全全把自己打理好，才會認同你。這樣的人，最好跟他們保持距離，以策安全。**

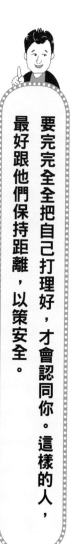

10

# 接連發生好事時會感到害怕、無法由衷放心

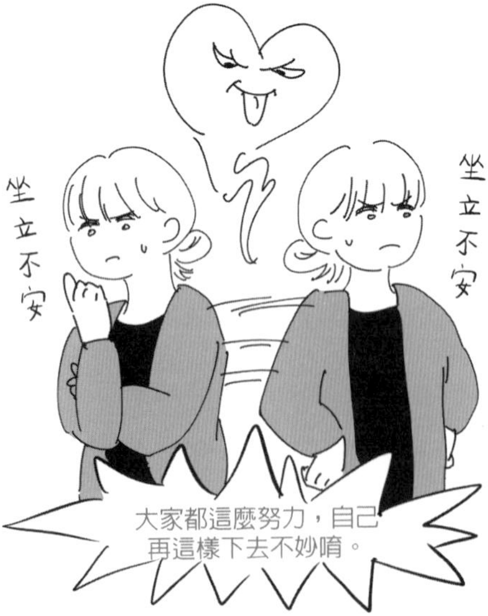
坐立不安
坐立不安
大家都這麼努力，自己再這樣下去不妙唷。

〔常見的雜訊症狀〕

- 休長假或玩樂時，反而會感到不安，無法打從心底樂在其中。
- 無法放輕鬆發呆。沒事做時會有罪惡感。
- 覺得幸福一定不會長久，當好事接連發生時，就會感到害怕。
- 在人生各個面向上，都會刻意讓自己操勞，以從中獲得價值感、成就感。
- 明明有慢性疲勞的狀況，卻還是不敢休息，不小心就努力過頭了。

有這類煩惱的人，即使旁人眼中的你是幸福的，即使發生了令人羨慕的事，你的內心仍是惶惶不安的。

你總是想著：「這樣下去好嗎？」「會不會哪天厄運就降臨了？」**既無法安心，也得不到滿足**。

因為得不到滿足，所以手邊不做點什麼事，就會感到不安，一鬆懈偷懶就會產生罪惡感。

總是得不到滿足的人，內心潛藏的雜訊是：

# 「幸福恐懼症雜訊」。

**這種雜訊在現今社會尤為盛行，是存在於眾多人們心靈深處的雜訊**，這樣的人認定了「我就是不習慣幸福的狀態」「我不能得到幸福」。

如果你有這種雜訊，不僅無法得到幸福，即使得到了，也會自扯後腿，刻意招來不幸，使幸福遠離自己。

走入了一段人人稱羨的婚姻，卻因外遇而以離婚收場；快速壯大的成功創業家，因逃稅而被逮捕；紅透半邊天的藝人，因醜聞而失去舞臺……這類案例其實主要都是來自於幸福恐懼症雜訊。

父母曾有過苦日子，或曾為了家人而留在懷才不遇的工作中苦撐，當孩子天天看著父母這種又忙又累的模樣，心中就會開始產生錯覺，以為「不能只有我過得那麼幸福。我要跟爸爸、媽媽一樣嘗盡苦頭！」

當然，當事人並不會意識到自己有這樣的錯覺。但**在潛意識之中，卻對幸福愈來愈懷疑、愈來愈恐懼，反而要待在辛苦勞累的情境中，才能感到安心。**

這項雜訊的緩解方式是，當事人必須認清一項事實——父母是自己甘願吃苦而吃苦的。雖然站在孩子的角度來看，會覺得爸爸、媽媽好可憐……

但當時你的父母親，其實已經是可以為自己負責的成年人了，他們沒有必要留在那樣的狀態中，照理來說，真想脫離那種狀態的話，隨時都可以。**身為小孩的你，沒有必要把責任攬在自己身上。**

**父母是自己甘願吃苦而吃苦的。一旦認清這個事實，人生就會有一百八十度的轉變。**

# 11

# 沒有行動力、做事沒幹勁

〔常見的雜訊症狀〕

・決定要「寫部落格」而申請了一個帳號，結果卻一個字都沒寫。
・把運動用的裝束從頭到腳買齊了，但買完就覺得滿足了。
・創業、經營副業已經準備了好幾年，卻從來沒有真的開始。
・無論發生什麼都不想要失敗。害怕因失敗而被別人看笑話。
・工作上，不管怎麼教，下屬和後進都無法獨當一面；育兒上，老是覺得很煩躁，最後疲憊不堪。

雖然你能下決定，知道自己要做什麼，但卻要花很長一段時間，才會真正付諸行動。你有時也會對這樣的自己感到很挫敗吧？

有些人行動力強，無論在工作或興趣上都十分機動，對任何事皆能毫不猶豫地投入。看到這樣的人時，明知自己不是這種類型，卻還是會感到自己不如人。

有時你也會得到謹慎過頭、光說不練、嘴炮等負面批評。

缺乏行動力的人，內心潛藏的雜訊是：

## 「完美主義雜訊」。

這種雜訊是來自於一個不允許任何失誤的成長環境。

「明天的考試絕對要考一百分喔。」

「你連那種地方都能失誤，哪有可能贏人家。」

「昨天才教的，今天就忘了？」

很嚴苛吧？身為完美主義者的父母只是想為孩子指導正確方向，對他們來說，這是再普通不過的教養方式了。但如果在這種環境中長大，孩子就會以為「做不到完美的話，就無法生存」。

而教育方式愈嚴格，愈是會培養出**徹底不允許自己有一絲馬虎的人**。

當然，嚴以律己不是一件壞事。重要的是時間、場合和使用方式。訣竅是需要嚴格的時候就嚴格，可以放鬆的時候就放鬆。然而，雜訊卻不斷折磨著你，阻止你放鬆。

**世上沒有「完美的事物」**。作品、商品、菜餚、服務、育兒方式，再怎麼了不起，都會附上一個但書——「在那個時間點上」是了不起的。

**你認知中的完美，對別人來說可能是半成品**。別人認知中的完美，對你而言可能一點都不完美。

因為完美主義是在追尋一種不存在的東西，所以做過頭時，自然會感到痛苦。

轉移你心靈的指向，**別再追求完美，改以「此刻的最好」為目標吧**。

**吃飯八分飽、工作八分好，才是恰恰好。**

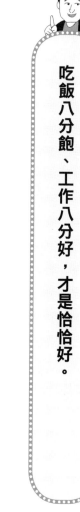

12

# 常常粗心大意，給別人添麻煩

〔常見的雜訊症狀〕

- 明明時間還很充足，不知為何到最後卻手忙腳亂。
- 老是在著急，彷彿被什麼追著跑，冷靜不下來。
- 即使時間不足，還是會硬塞排程，搞得自己無法休息。
- 不喜歡悠哉遊哉、什麼事都慢慢來的人，看在眼裡會感到很礙眼。
- 因為急性子又覺得凡事愈快愈好，所以別人都跟不上。

有些人對時間觀念特別嚴格。

守時在社會上固然是基本規範，但這種類型的人會過分講究時間，讓自己和對方變得匆匆忙忙。

明明慢慢來就能完成的事，因為急著做完而反覆出錯，有時甚至會因此犯下嚴重的過失。結果不但沒有達到預定目標，還落得意志消沉，覺得自己是個失敗的人。

但這單純是因為你很著急而已。

不斷粗心大意的人，內心潛藏的雜訊是：

## 「時間即金錢雜訊」。

這種雜訊是來自一個匆匆忙忙的成長環境。

去遊樂園玩，父母就會把從早到晚的行程排得滴水不漏。假日在家閒閒沒事，就會被罵：「你什麼事都不用做啊？」有事沒事就會催促：「趕快！趕快！」

在這樣的家庭教育下，孩子也會產生**「要趕緊做，時間不能浪費」**的想法。這應該是一般都會覺得「十分正確」的教育方式吧。

然而，當你變得過度嚴格時，就會**無意義地被時間拚命追著跑**。在沒有人規定的情況下，你還是會自己分配時間，不停催促自己，比方說告訴自己「再過三十分鐘就必須去下一項遊樂設施了」「接下來一小時內必須解開十道問題」等等。

長期下來，急急忙忙就會變成你的常態，在應該從容不迫的場合，或在必須花點耐心進行的事情上，你也會急急忙忙，結果因粗心大意而犯錯。

**當父母與孩子性格不同時**，最容易讓這種雜訊產生負面影響。

父母是急驚風，小孩是慢郎中的話，小孩明明按照自己的步調可以做得很好的事，卻會因為父母的催促而犯錯，結果還要因此自責。

如果你覺得自己有這種雜訊，就表示其實你原本是個喜歡慢慢來的人。

請不要催促自己，可以試著慢慢吃飯，慢慢刷牙，重新確認符合自己天性的生活步調。

**雖說時間即金錢，但花開花落自有時。選擇適合自己的格言就好。**

# 13

# 非常在意他人眼光、玻璃心

〔常見的雜訊症狀〕

・別人隨便一句話，自己都會很在意，然後因內心的小劇場而不安。

・陷入被害妄想，不停懷疑別人有沒有因為自己的某個小舉動而不爽或討厭自己。

・不知道別人會怎麼想，不敢在社群媒體上發言。

・當下明明很盡興，但事後回想時卻常常出現各種擔憂。

・在他人面前會努力炒熱氣氛，等到獨自一人時，就會變得疲憊不堪。

能讓別人開心是件愉快的事。但這種類型的人老想著如何討人歡心，非常在意對方臉色，**不惜犧牲自己也要討好他人**。

只要別人的臉色稍微沉悶一點、稍微表現出不認同的表情，就會忍不住想：「他怎麼了？」「我是不是講了什麼奇怪的話？」而且不會放過任何一點細微的表情和動作。所以光是身旁有人作伴，就能讓自己的疲勞度不斷飆高。

在意他人眼光的人，內心潛藏的雜訊是：

## 「盛情款待雜訊」。

這種雜訊來自於家中有人非常好客、非常熱心助人的生長環境。

比方說，父親一遇到地方上的廟會祭典，就會不惜放下自己的工作，加入志工行列。

或者，只要有人來家中作客，母親就會煮一大桌菜，多到根本吃不完。

又或，當親戚家的小孩趁暑假來玩時，母親就會比平時更賣力。

如果父母親教導孩子「要幫助他人」「讓別人開心的話，自然會賺到錢」，孩子就會深信「討人歡心是件好事」。

然而，廟會祭典結束後，要是父親一臉疲憊地回到家；客人離去後，母親一臉倦容的話，孩子就會誤以為**「最好不惜勉強自己，也要討別人歡心」**。當你以犧牲自己為前提讓別人開心的時候，它就會變成一種「不得不討好他人」的義務。這是**「自己累個半死，只有對方開心」，而非「自己開心、對方也開心」的助人。這兩者是迥然不同的。**

如果你被「盛情款待雜訊」纏上，那麼**即使你能讓身邊的人開心，自己也總有身心俱疲、燃燒殆盡的一天。**若不想走到那一步，就要把自己與他人的喜悅的比例互換。

減少做那些只有別人開心，但自己不喜歡的事，並多做一些自己喜歡別人也開心的事。從辦得到的地方開始，慢慢調整比重即可。

**只有盛情款待自己的人，才能提供真正的盛情款待。**

14

# 努力卻不見成果

〔常見的雜訊症狀〕

- 連週末都在加班工作，成績卻只能勉強達到普通程度，甚至是向下衰退。
- 不管別人說什麼，都會條件反射式地回答「我會努力的」。
- 在勞力被壓榨的環境裡待了好多年，怎麼也出不來。
- 印象中無論買彩券或參加活動，從沒中獎過。
- 看到別人一帆風順時，就會感到煩躁。
- 覺得自己投資一定會失敗，而不敢出手。

要得到收穫，就必須先努力。

大部分的人應該都會認同上述這個說法，即使本身有輕鬆賺錢、快速出人頭地的想法。

只不過，過度強調努力的話，就會在得不到好成績時，懷疑「是不是我不夠努力」，而忽略了努力之外的要素，變成無法接受天降好運這種事。

這種只有付出沒有收穫的人，內心所潛藏的雜訊是：

## 「被虐狂雜訊」。

任何家庭或學校都會反覆教導努力的重要性。想要達成目標，想要實現重大的願望，當然必須付出努力。

問題在於，**你是否過度看重努力的價值**。當一個人過度強調努力時，這種想法就會在潛意識裡轉變成「只要受苦就會帶來好事」的錯誤觀念。

表現出來的是毫無意義地勉強自己，不斷瞎忙瞎努力，但實際上，這個錯誤觀念才是被虐狂雜訊的真面目。一旦被這種雜訊汙染，遇到困難時就會不假思索地想著「那就再努力看看」，反而可能害自己無法找出真正有效的解決之道。

最糟的是，努力容易得到他人的認同，因此**即使付出卻得不到收穫，也會在潛意識中產生「有努力就好」的誤解**。

之所以會陷入這種「努力成癮」，是因為你還不懂努力的真諦。

在世人眼中做出超凡努力的人，其實他們並沒有一般人那種努力得很痛苦、努力得很艱難的感覺。

他們只是因為太喜歡一項運動或太喜歡自己的工作，想要不斷精進不斷做出更好的產品，而渾然忘我地投入其中。結果，這種專心致力的態度，在旁人眼中成了一種極端努力的模樣。

找到一件自己想做的事、找到一份讓你覺得努力也不以為苦的工作吧。只要稍稍改變自己看事情的角度，也能讓被虐狂雜訊慢慢減弱。

**當你想說自己很努力時，就是努力成癮的開始。**

## 第2章 重點整理

讓我們來複習一下有哪十四項心理雜訊。
當你覺得事事不順，覺得自己真沒用時，
就有可能是其中某個雜訊正在干擾你。

### 雜訊 01

【煩惱】缺乏自信、總覺得自己一定做不到

【兒時】在不停被人挑三揀四的環境中長大

【雜訊】挑毛揀刺雜訊

【第一步】察覺自己在挑自己毛病時，就停止這個行為

### 雜訊 02

【煩惱】忍不住跟人比較而陷入沮喪

【兒時】總是被迫為他人的理想而活

【雜訊】封印真我雜訊

【第一步】找到一個讓你能展現出真實自我的人

## 雜訊 03

【煩惱】不擅長自己做決定、缺乏決斷力

【兒時】什麼都是由父母或周遭的人安排好、決定好

【雜訊】思考停擺雜訊

【第一步】當個有點討人厭的人，對任何資訊都要先抱持懷疑

## 雜訊 04

【煩惱】想說的話說不出口

【兒時】經常必須顧慮家人的心情

【雜訊】他人優先雜訊

【第一步】慢慢推掉自己不喜歡做的事

## 雜訊 05

【煩惱】無法接受他人的讚賞、得不到肯定

【兒時】即使有優異表現也很難得到讚美

【雜訊】謙虛謙讓雜訊

【第一步】思考看看自己希望什麼地方獲得母親認同

## 雜訊 06

【煩惱】總在臨門一腳時失敗、抓不住機會

【兒時】犯了小錯或沒有成功，反而會讓他人開心

【雜訊】出頭鳥雜訊

【第一步】喝瓶裝飲料或杯子裡的飲料時，全部喝完

## 雜訊 07

【煩惱】一直堅持卻還是什麼都沒得到

【兒時】父母或周遭的人教導自己「忍耐是一種美德」

【雜訊】鐵杵磨成針雜訊

【第一步】放棄某件一直在堅持的事

## 雜訊 08

【煩惱】不擅長與人相處

【兒時】有過父母忽然抓狂，或爺爺奶奶過世等的突然心靈受創的經驗

【雜訊】害怕他人背叛雜訊

【第一步】刻意接近你覺得看起來不太好相處的人

## 雜訊 09

【煩惱】不懂得依賴他人、太顧慮他人而疲憊不堪

【兒時】兄弟姊妹眾多或雙親都在工作，無法專心當個孩子

【雜訊】獨立自主雜訊

【第一步】給某人添一點麻煩看看

## 雜訊 10

【煩惱】接連發生好事時會感到害怕、無法由衷放心

【兒時】父母曾有過苦日子，或父母總是一臉苦不堪言的樣子

【雜訊】幸福恐懼症雜訊

【第一步】告訴自己「父母是自己甘願吃苦而吃苦的」

## 雜音 11

【煩惱】沒有行動力、做事沒幹勁

【兒時】在完全不允許任何失誤的環境中長大

【雜訊】完美主義雜訊

【第一步】別再追求完美，改以「此刻的最好」為目標

## 雜訊 12

【煩惱】常常粗心大意，給別人添麻煩

【兒時】父母對時間很嚴格、個性又是急驚風

【雜訊】時間即金錢雜訊

【第一步】試著慢慢吃飯，慢慢刷牙

## 雜訊 13

【煩惱】非常在意他人眼光、玻璃心

【兒時】在家人非常好客、非常熱心助人的環境中長大

【雜訊】盛情款待雜訊

【第一步】一點一點減少做那些只有別人開心、但自己不喜歡的事

## 雜訊 14

【煩惱】努力卻不見成果

【兒時】家庭或學校反覆教導「努力的重要性」

【雜訊】被虐狂雜訊

【第一步】找到一件讓自己渾然忘我、又不覺得在努力的事

# 第3章

# 在日常生活中
# 覺察雜訊的正反思考法

# 覺察雜訊
# 最簡單的方法

## 一感到不對勁馬上就能用

第二章裡，我提供了十四種不同類型的雜訊，讓你找出哪些是根植在自己心中的雜訊。

而接下來要介紹的則是，**日常生活中面臨煩惱或問題時，如何才能輕鬆覺察出雜訊的存在**。

我曾有過「不吃苦就賺不到錢」的心理雜訊。「不吃苦就賺不到錢」，換句話說就是「要吃苦才能賺到錢」。

我曾經靠投資賺錢，但當時因為我內心存在這種雜訊，使我陷入了萎靡不振的低潮。

要在股票交易或ＦＸ（外匯保證金交易）等投資賺錢，是需要專業知識的，我當然也有好好做功課。當知識累積到一定程度時，就能比較輕鬆地賺到錢。實際上，我當時的投資確實有所獲利。

然而，當金額到達某個程度時，我就無法再更往上了。

不論我怎麼做，都會以犯錯、失敗收場。

我不停思索著這是怎麼一回事，最後才察覺到存在我內心「要吃苦才能賺到錢」的心理雜訊。

過去，家父總是工作得很不快樂，家母總是想方設法地省錢。看著這樣的父母長大的我，腦中建立了「不可以輕鬆賺錢」這樣自以為是的觀念。這個觀念進而變成**「要吃苦才能賺到錢」的心理雜訊。就是這個雜訊在踩煞車，讓我無法賺到更多錢。**

不過，從結果來看，這樣的經驗也造就了現在的我……

這時可以立刻派上用場的，就是正反思考法。平常生活中，一旦我們心中產生「咦？」「奇怪了」的疑惑時，即可使用。

這個方法是改編自我與個案一對一諮商時使用的手法。本書要教的是只要自己一個人就能做到的方法。

敬請務必利用這個方法，找出自己的心理雜訊。

人會根據環境建立
各式各樣不同的思維模式。
拚死拚活
要賺錢
一定要吃苦！
賺錢一定要輕鬆！

## 反過來思考，雜訊就會現形

瘦不下來，是因為你心中的某個部分在想著「不瘦下來比較好」。

我在第一章就談過，當事情進行不順時，有時是因為我們心裡潛藏著「不順比較好」的想法。

而且那才是你的真心話。

於是，這種想法變成心理雜訊，不停替你的人生踩煞車。

要找出變成心理雜訊的真心話，方法其實很簡單。

只要學會了**正反思考法**，你就能跟我一樣察覺到自己的真心話。

不過，在介紹正反思考法之前，我們必須先從頭腦體操開始做起。因為頭腦不夠柔軟的話，我們就無法將沉睡在潛意識中的真心話揪出來，進而找到心理雜訊。

首先是第一個問題。
假設你預計要搬到一個比現在更大的房子。
請你思考一下，搬家後會帶來哪些好處。

- 能讓心情煥然一新。
- 得到解放感，能讓心情變得從容。
- 有空間可以收納堆積成山的書本、衣服。
- 能有一間房間專門用來進行自己的興趣嗜好。
- 能在家中放大型沙發。
- 能在房間裡做瑜伽。
- 能邀請朋友來家中聚餐。
- 能有一間在家工作用的房間。

應該不止於此，請盡量想出愈多愈好。

接著是第二個問題。

現在，請你反過來思考搬家會造成哪些困擾。

- 租金會提高。
- 需要多裝一部冷氣機。
- 需要打掃的空間變多了。
- 需要向戶政事務所等單位提出各種變更申請。
- 必須多買窗簾。
- 需多花錢在裝潢擺設上，否則家裡看起來會很不溫暖。
- 離朋友的住處更遠。

聽到「搬到大房子」時，我們往往只會想到好的一面，但真要搬家的話，其實也會帶來許多困擾。

你所想出的優點和缺點，都是來自你的潛意識。當然，無論你想到的是什麼，都沒有好壞、對錯之分，這些都只是你對於「搬到大房子」的各種想像而已。

這裡**希望大家記得一件事，任何事物都一定有它好的一面和壞的一面**。

沒錯，不順遂也會有不順遂的好處。

# 達成目標的壞處
# 與維持現狀的好處

## 解決問題後會產生的困擾

正反思考法的做法很簡單。單純只要在你做某件事遇到瓶頸，又或是事情進行不順利時，使用下列兩種模式思考看看。

①順利的話會帶來什麼困擾？

②不順利的話會有什麼好處？

先來談談**「順利的話會帶來什麼困擾」**。

比方說，你想「搬到鄉下居住」。但實現的話，你可能會面臨下列困擾。

搬到鄉下住的話，

・沒辦法和以往的親朋好友常見面。

・辭去現在的工作，收入會減少。
・在都市累積的工作資歷會派不上用場。
・不買車的話無法生活。
・離電影院很遠。
・無法一週打一次網球。
・必須向許多地方報備住址的變更，手續很麻煩。

再打個比方，假設你想「到英語國家留學」，實現的話，可能會面臨下列困擾。

到外國留學的話，
・留學後存款會歸零。
・回國後，可能會失去以前的工作。
・會有一段時間無法與朋友見面。
・去了又什麼都沒學成的話，會很沒面子。

・可能會半途而廢地回國。
・現在的男友或女友不見得願意等自己回來。
・無法參加一直以來每年都參加的家鄉祭典。

**雖然想實現，但如果潛意識中存在著「實現後反而必須面臨困擾」的想法，那麼你就會在該行動時，不知不覺地替自己踩煞車。**

我們平常不會去思考實現願望時會產生什麼困擾，所以若不刻意進行這樣的正反思考，就無法靠自己察覺出內心的雜訊。最後只看到「我辦不到」的結果，悶悶不樂地煩惱著自己為何如此一事無成。

## 問題沒解決反而有好處

接著要談的是**「不順利的話會有什麼好處」**。

讓我們來思考一下前面舉的例子。

比方說，如果你沒有實現「搬到鄉下居住」的願望，繼續過著目前的都市公寓生活，可能會有以下好處。

繼續住在都市的話，

- 確定能保有目前的收入水準。
- 不買車也不會產生任何不便。
- 有心事時，附近就有朋友可以約出來談心。
- 可以到常去的餐廳用餐。
- 遇到自然災害的機率較低。
- 可以每週打網球。

比方說，你沒有實現「到英語國家留學」的願望，而在目前任職的國內企業繼續工作的話，可能會有以下好處。

待在國內繼續做目前的工作的話，

- 繼續累積現有的資歷，收入就會增加。
- 可以繼續使用現有的人脈。
- 留學的費用可以抵出國旅遊十次的支出。
- 因為跟父母住，所以能存錢。
- 不會說英語也不會有任何不便。
- 不用跟現在的男友或女友分開。

上述例子中，**我刻意地進行了正反思考，所以才能不偏不倚地看待事情**。但若沒有這麼做的話，我們就會感到自責，因為會以為自己百分之百想實現願望。

然而有時候，**我們內心最深處，其實是不希望改變現狀的**。於是會在不知不覺中對自己的行為踩煞車，選擇讓自己所做的事無法順利發展。

# 記錄下來，
# 讓雜訊可以被清楚看見

## 只做筆記不思考

- 實現你希望的狀態、想做的事時，會產生什麼困擾？
- 若你希望的狀態、想做的事沒有實現，會有什麼好處？

只要思考以上這兩個問題。

這就是正反思考法。很簡單吧？

利用這個方式，就能找出正在干擾你的心理雜訊。

任何事情都一定會有好的一面和壞的一面。

**當你感到事情進行不順，而開始尋找背後原因時，在自己東想西想前，不妨先實踐正反思考法**。替你的行動踩煞車的雜訊，就存在於自己所列出的這些真心話之中。

必須注意的是，**實踐正反思考法時不能只在腦中想，還要實際記錄下來，請準備**

**紙筆或使用手機、電腦，記錄你的「心理雜訊記事」**。

這麼做是想要揪出存在於潛意識、過去從未察覺的事情，所以不寫下來的話，一轉眼就會遺忘。

而且，**一想到就要立刻寫下來**。

別去思考要不要寫、該不該寫的問題。

把你心中的倫理、道德、常理、正義、良知、惡行、正確、不正確的想法，全都擺在一邊，**無論想到，什麼都要一五一十地寫出來**。畢竟這不是要拿給別人看的。

反正只要找出心理雜訊後，再把筆記丟掉，或把檔案刪除即可。

即使想到的是「自殺」「不想活著」「好傷心」「不想動」「想外遇」「討厭小孩」這類負面語言或不符合社會價值觀的事，也要一五一十寫下來。

再者，**當你想到相同的字句時，也請重複書寫**。比方說，如果你不停想到「好寂寞」，那就反覆寫出來。

我曾經有一個個案，在他的記事中反覆寫著「好想死」「好想死」「好想死」。寫著寫著，他突然說一句：「我是不是想去死啊？」接著他就開始寫起「不能死」「父母會很難過」等的正面話語了。

這就是在把內心深處的想法揪出來。

壓抑負面想法，只寫正面想法的話，只會讓我們更痛苦。

腦中浮現負面的語句時，若毫不保留地宣洩出來，反而能讓負面想法得到釋放，放空之後，想法自然會朝正面轉變。

再不然，保持負面也沒關係。宣洩出來，至少也能達到心靈的排毒效果。

因為，**光是把想法寫出來，就能讓人的內心產生轉變**。

實踐正反思考法時，還有一個要注意的地方就是，**至少要寫出六項**，可以超過六項。總之，請以寫出六項做為最初的目標。

至少六項，是因為據說六是充滿魔力的數目，超過六項後冒出來的東西，就會是來自我們潛意識深處的東西。

當我們想出六項後，就會像打開某種開關，連綿不絕地想出十項、二十項。

## 放棄也是一種前進

你所寫出來的每一項，都是存在於潛意識中的真心話。

**而其中的某一項正在替你的行動踩煞車。**

當你懷疑可能是某一項時，就可以開始為其思考具體的解決方案。

比方說，若是金錢問題的話，不妨朝以下的方向思考。

以搬到鄉下居住來說，你可以思考薪水減少也能負擔生活開銷的方法，也可以思考什麼樣的工作模式，能讓自己即使住在鄉下也不會減少年收。

以出國留學來說，你可以延後時間，先存一筆錢再出國，也可以思考有沒有一面留學一面繼續目前工作的方法，或利用留學經驗來賺錢的方法。

**當雜訊不再是雜訊時，你就能實現你所希望的狀態、想做的事了**。這正是真正的解決之道。

還有一種狀況是，當你找出心理雜訊時，就能恍然大悟地鬆了一口氣，進而釋懷，這樣也是可以的。因為你將不必再擔心「我辦得到嗎」或「我好像不可能達成」，而能把關心的重點放在你希望的狀態、想做的事情上。

其實有時候，當我們看著正反思考法所寫出的真心話，看著看著就會浮現出另一種選項。

那就是放棄你原本希望的狀態、原本想做的事。

也就是說，得到**「保持現狀就好」**的結論。

心理雜訊是藏在你潛意識中的真心話。

換言之，不論是自己希望的狀態或想做的事，認為**不要達成比較好的人，也是你自己**。

因此，做出「不要搬到鄉下比較好」「不要出國留學比較好」的結論，事實上也是你自己內心的期望。

**就算選擇放棄，也沒有必要看做負面的逃避**。

無論是繼續為實現而努力或選擇放棄，都能讓困擾著你的課題、你心中的煞車器得以化解。

最後要提醒的是，實踐正反思考法時還有一個注意事項。

那就是你寫出來的內容或壞處，也有可能讓你感到摸不著頭緒，而在一時半刻間找不到該從何處下手。

這時候，**請不要逼自己接受**，也不用強迫自己感到自在舒坦」。如果感到心煩意亂，那就讓它心煩意亂。

之所以無法接受，只不過是因為你看到自己所寫出來的內容後，開始對自己過去深信不疑的那些事產生「到底是真是假」的懷疑。只要放著讓它發酵一段時間，再將它重新拿出來看，或再試著寫出其他的好處和壞處，一定會找出讓你覺得「沒錯，就是這個」的心理雜訊。

**反**

**瘦下來的話**

**會有這些困擾：**

必須重買新的衣服、
不能吃喜歡吃的食物、
可能會被周遭的人擔心、
可能會被正在交往的男友提分手、
明明不喜歡運動
卻要養成運動的習慣……

**正**

**瘦下來的話**

**會有這些優點：**

穿什麼衣服都好看、
受到大家矚目、
桃花增加、
運動起來很舒暢、
變得喜歡出門……

**想瘦……**

**瘦不下來……**

**反**

**瘦不下來**

**會有這些好處：**

愛吃什麼就吃什麼、
不用重新買衣服、
不必逼自己做不喜歡的運動、
不會被擔心自己是不是生病了、
應該也不會被男友提分手……

**正**

**瘦不下來**

**會有這些壞處：**

自己看上的衣服穿起來卻不適合、
沒有人會注意自己、
沒有桃花、
因為體重太重而不喜歡活動、
討厭出門……

## 第3章 重點整理

讓我們來複習一下正反思考法。
當你做一件事感到很不順，或覺得自己很沒用時，
就按以下規則實踐正反思考法，
找出正在干擾你的雜訊。

### 正反思考法的規則

①寫出進行不順利的事。
②寫出進行不順利時會有哪些壞處。
③寫出維持不順利的狀態會有哪些好處。
④寫的時候不能只有在腦中空想，必須真的寫在紙張、筆記本上，或記錄在手機、電腦中。
⑤將腦中浮現的想法毫不保留地寫出來。
⑥至少寫六項以上。
⑦如果第一次寫完還找不出雜訊，那就擱置一段時間後，再試著寫寫看。

# 第 4 章

# 一分鐘就夠！
# 10 個降噪練習，
# 打造不受雜訊干擾
# 的強健心靈

# 提高
# 心靈免疫力

## 改善體質，不再受雜訊影響

你找出正在干擾自己的心理雜訊了嗎？

「這也做不好、那也做不好」的困擾，又或是對任何事都沒有自信，還沒開始就想打退堂鼓，或即使做了也做得有氣無力……這些全都是心理雜訊造成的結果。

有些人光是察覺到「原來做事不順是雜訊造成的」，就能卸下心中沉重的大石。

這是因為**當我們不知為何如此不順利時，會對未知產生一種不安。只要知道原因出在哪，就能擺脫這種不安。**

即使遇上了不善與人交際、優柔寡斷、沒有行動力等問題，只要**能察覺出那些長久以來在潛意識中成長茁壯的雜訊存在，就能讓自己停止自責，知道遇到這些問題並不是因為自己不夠好。**

於是就能連同負面的自己都一併接納、肯定。

有些人光是察覺到心理雜訊的存在，就能解決眼前的議題或問題。這是因為他們看待事物的方式改變了，不知不覺中（無意識中）採取的行為也會跟著改變，問題也隨之解決。

不過，還有一些人是即使察覺了雜訊，仍無法解決煩惱。

正在閱讀本書的你，可能也是**雖然知道自己存在著什麼雜訊，還是想問：「那我該怎麼辦？」**

這也難怪，畢竟是從小就伴隨著我們長大的雜訊，當然不是一句「再見」就能說斷就斷的。

如果長久以來一直與「思考停擺雜訊」相伴，就無法立刻變成遇到任何事都明快果決做出決定的人，這是再正常不過的事。

就算短時間內努力變成一個「能做出決定的人」，也很有可能在經過一段時間後，再次受到雜訊干擾，又變回優柔寡斷。

自我改變就是這麼困難。

不過，別擔心。

**只要了解心理雜訊，我們就能慢慢改善體質，讓自己愈來愈不容易受到雜訊影響。**

你應該也會為了預防生病或受傷，而注意日常飲食或養成運動習慣吧？同樣的道理，請把改善體質的練習，當成為自己提高「心靈免疫力」的運動。

## 提高心靈免疫力的三項重點

這一章就要向各位介紹，**能幫助我們培養出消除雜訊之「降噪體質」的簡單練習，讓我們最終能擺脫心理雜訊的干擾。**

練習總共有十項，每一項練習都只要短短一分鐘就能完成，請從中選擇自己覺得容易的開始做起。練習後，你就能逐步掌握改變思維或看待事物方式是怎樣的感覺。

基本上，容易受到心理雜訊干擾的人有三大特徵：

①個性順從，容易消極被動。

②具有內向特質，凡事想很多。

③做事一本正經，不善於轉念。

根據上述特徵，我準備了三種不同目的的練習：**改掉被動毛病的練習、客觀審視自我的練習、轉念練習**。

趕快翻到下一頁，讓我來一一詳細介紹吧。

一聽到要改掉消極被動的毛病，或許你會想說，消極被動是說改就能改的嗎？尤其，當一個人處於低自我肯定感的狀態時，更會覺得自己絕對辦不到。不過，別擔心，**降噪練習和重量訓練不一樣，它比較像是放鬆心靈的體操**。

① 從消極的被動者變成積極的主動者。
我來做！
② 客觀審視自我。
③ 變成轉念高手。

降噪練習 1

# 戒絕清單

首先建議嘗試的是**「戒絕清單」**。

有些人可能有寫待辦清單的習慣，戒絕清單正好相反。做法是每天寫下一項自己覺得該戒掉的事。寫待辦清單，只會讓「該做的事」不斷增加，所以愈寫勢必壓力愈大。而且，清單上若還留著沒做完的事，也會讓自己愈來愈沮喪、愈來愈自我懷疑。

因此，讓我們換個方向，**改成思考該減少做哪些事**。比方說，不寫「睡前看書」，改成寫「戒掉睡前滑手機」。

這麼做的重點是，**不會有被迫的感覺，無論做什麼都是自動自發的，而且不會產生挫敗感**。「戒絕清單」就是這麼棒的練習。

降噪練習 2

## 禁止邊做事邊看電視

另一項練習是戒掉**邊做事邊看**電視。

看電視是單方面接收傳遞進來的資訊。最糟糕的是，沒事就把電視開在旁邊放著，然後「邊做事邊看」電視。還記得前面說明過的彩色浴效應嗎？**即使你沒把注意力放在電視的聲音和影像上，大腦還是會自動從中擷取出自己平日就很關注或有興趣的事物**。

比方說，一個有完美主義雜訊的人，就會擅自擷取讓他覺得「必須把事情做好」的資訊，讓這個念頭更進一步獲得強化。

事實上，**電視正是一種心理雜訊的增幅器**。

社群媒體也具有類似的作用。別人所分享的資訊，會大量地出現在「首頁」上，其中當然也看得到有趣的發現，但平常擔心的事，或者會造成心情翻攪的事，也會映入我們的眼簾。

電視和社群媒體雖然方便又有趣，但最好盡量不要「邊做事邊看」，以免讓自己心情沮喪，或造成雜訊被強化。

降噪練習 3

# NoNoNo 內在狗狗

這是一項幫助我們客觀審視自己的練習。

尋找心理雜訊本身雖然也是一種客觀審視，但我們在自我檢視時，若沒有一個具體的對象，**做起來實在不容易**。就算一開始辦到了，接下來也會不知不覺又變得主觀，或變得感情用事。

因此，我的建議是，在心中養一隻「No No No 內在狗狗」。

當你遇到不好的事或事情進行不順，而開始妄自菲薄地想著「反正我就是如何如何」「我一定如何如何」時，**就讓狗狗跳出大喊：「No No No！」**

也許你會覺得這個做法很蠢，但這就是**心理學所謂的「去中心化」**。這是一種改變視角，從旁觀察自己的練習。

如果你覺得貓比較容易想像的話，也可以改成「No No No 內在喵喵」，或其他任何東西都可以。總之，就是在心裡準備一個容易想像的他者，藉此提供自己以外的視角，才能客觀地審視自我。

## 降噪練習 4

# 自我實況轉播

這項練習的目的也是培養客觀審視自我的習慣。

做法十分簡單。

**只要將自己的每個動作一一描述出來即可。**

可以趁一個人的時候開口說出來，也可以只在腦中默念。

例如：我翻了一頁書，我換腿翹腳了，我伸手把桌上的馬克杯拿了過來，我將裝著咖啡的馬克杯拿到嘴邊，我喝了一口咖啡。

像這樣將自己的動作一個一個說出來。

這麼做可以讓你自然而然地掌握從第三者角度看自己的感覺。因為能夠說出自己的動作，就表示你正在客觀注視著自己。只要從生活的小事開始，養成實況轉播的習慣，漸漸地就會發現，**就連遇到情緒高漲而難以看清當下的時刻，也能保持冷靜地告訴自己**「我現在正在生氣」「我火冒三丈了」。這是一個非常值得一試的練習。

降噪練習 5

# 自我司令官

## （自我實況轉播進階版）

接著要介紹的練習是自我實況轉播的進階版。

這項練習是把自己當成自己的司令官，**在做出動作之前，先自己對自己發號施令**。

自我實況轉播是把自己完成的動作一五一十地描述出來；自我司令官則是先描述動作，然後才執行。這麼做不但能**客觀審視自我，還能培養出主動積極的感覺**。

例如，你可以說：現在我要沖咖啡了，我要把咖啡豆放進電動磨豆機中，我要打開開關，我要在濾杯上將濾紙套好，我要把濾杯裝在咖啡壺上。

說出口後，再按照語言行動。可選擇自己一個人在家時練習，就不會有被投以異樣眼光的問題。

反覆的練習**能讓我們在潛意識中，建立起按自己做出的指令行動的機制**。「自我肯定句」（Affirmation）等利用語言實現願望的自我實現術，也會把這個方法當做基礎練習，十分值得嘗試。

## 降噪練習 6

# 狀態絕佳標籤

某心理學研究指出，**人類每天會思考六萬次，而其中八成都是偏向負面的想法**。

此外，麻省理工學院有一項研究指出，**負面情緒的感染力比正面情緒強七倍之多**。

是不是很驚人？

人要是任由想法恣意發展的話，腦中的負面聲音可是會愈滾愈大的。

舉一個生活上的例子，雖然我們沒有自覺，但其實大家每天都會確認自己身體有哪些不適。早上起床後，我們就會開始確認身體有沒有哪裡不舒服，比方說頭腦昏沉、肩膀痠痛、下背僵硬、膝蓋痛、沒精神、提不起勁等等，確認之後再替自己貼上這些標籤。

這就像是找碴般地只看自己壞的一面，不看好的一面。

這樣做，當然會天天心情憂鬱，身體會愈來愈不舒服，自我肯定感也會愈來愈低。

所以，我們要反向操作。

**替自己找出好的一面，並貼上標籤**，這是十分重要的一項練習。

今天我的眼睛看得真清楚、肩膀真輕鬆、腦袋真清晰……像這樣確認身體狀況良好的部分，一點小事都不要放過，而且不能只是確認而已，接著還要替自己用力地貼上一張「狀態絕佳標籤」。

雖說如此，但習慣性地替自己貼上身體不適的標籤，也不是說改就能立刻改掉的。因此，當我們發現身體不適，例如覺得「腦袋好昏沉」的時候，就要反過來找出狀態良好的部分，比方說「啊，腦袋好昏沉，但是胃的狀態很舒暢！」

不必強迫自己只能想好的一面，在尋找不適之處的同時，也一併找出狀態良好的地方即可。

這麼做，是**練習不讓「覺得自己還不錯」的想法輕易溜走**。

畢竟人腦的機制就是一旦放任不管，就容易往負面思考，所以我們要透過這種方法客觀審視自我。

頭腦敏銳
腸胃舒暢
狀態絕佳
下背不痛
膝蓋活動自如
腳踝萬無一失

降噪練習 7

# 沖洗心理法

接下來要介紹的是切換頭腦和心靈的練習。

認真聽從他人教誨，遵守一般規則及社會規範雖是好事，但愈是像這樣一本正經的人，愈容易嚴肅看待自己的錯誤和失敗，進而深陷其中，無法轉念。來找我諮商的個案，許多都是大眾眼中既優秀又認真的佼佼者。

當我們無法轉念時，心理雜訊所造成的影響就會愈來愈大。

我建議的做法是**「到廁所把不開心的事沖掉」**。

遇到不開心的事時，盡快找間廁所，撕下衛生紙，用衛生紙擦拭身上可能被不開心的事沾到的地方，再將衛生紙丟進馬桶沖掉。其實光是從現場移動到廁所，就能讓心情冷靜下來，再加上當我們認為已經把身上沾到的不開心事物沖掉時，心理上就能稍稍鬆一口氣。**重點是要採取實際行動，而不能只有在腦中空想**。

淋浴時，用較強的水壓仔細沖洗全身上下，或是將每根手指仔細洗淨，也能帶來相同的效果。

降噪練習 8

# 停十秒冥想

容易受到心理雜訊影響的人，常會覺得自己不會真的變好⋯⋯

如果你是這樣的人，我推薦這項練習。這項練習能幫助我們產生**「心理雜訊是可消除、可改變」的感覺**。打造出降噪體質，進而能自由自在轉念的前提是，我們必須先有自己可以被改變的念頭。

做法是「停十秒冥想」。

首先，閉上眼睛，在腦中進行停十秒鐘的想像。最初從生理機能開始想像起，例如，用十秒時間，想像心跳、血液流動、呼吸等的停止。真的停止的話會發生什麼事？我們會死亡。所以心跳、呼吸都是不能停下來的。

接著，同樣花十秒鐘，**想像自己停止聽從內心的雜訊**。這麼一來會如何呢？拒絕雜訊的話，我們會死嗎？當然不會。所以雜訊是可以消除、可以改變的。當你能夠這樣想時，就表示這項練習成功了。

降噪練習 9

# 黑白棋式心理翻轉法

心理雜訊是自孩童時期建立起的思維模式，跟隨著我們已久，一時半刻當然難以消除。我們只能讓它慢慢縮小，慢慢消失。消除雜訊是一種循序漸進的過程，理解這一點也是十分重要的。

當我們要改變一件事時，不能因為沒有全部變好，就覺得毫無作用。只有些許改變時，我們會感覺不到。

其實這種感覺就是最根本的問題。基於這種感受，我們往往會以為**只要不是全盤改變，就表示自己改變不了，表示自己辦不到**。

當你這麼想時，請試著想像黑白棋。我們**不可能光靠一顆棋，就讓棋盤上所有的黑子都變成白子**。在能力所及的範圍內，我們有時會改變一顆，有時改變三顆，一步一步慢慢將黑子變成白子。打造降噪體質也是相同的道理。

如果你有封印真我雜訊，會忍不住跟他人比較，並陷入沮喪的話，那麼一天只要減少比較一次，就表示自己已經有所進步了，這就像是你已經成功把一顆黑子變成白子。不管改變是多是少，只要能對自己已經改變的部分有所覺察，就能帶領我們一步一步繼續前進。

降噪練習 10

# 雙人相聲式自我肯定

消除心理雜訊需要時間。**我們不可能像施魔法般，輕輕一點就把長久以來跟隨著自己的東西變不見**。雖然需要花上一些時間才能完全消除，但只要願意慢慢來，我們隨時都能開始踏上消除的旅程。

正因如此，我們必須徹底堅持到完全消除的那一刻為止。

因此，打造「降噪體質」要教大家的最後一項練習是，當你受到雜訊干擾而又回到過去的自己時，該如何因應。

我建議的做法是，**對自己肯定到底的回話法**。

大家不妨想像一下雙人相聲。一般來說，雙人相聲是一人丟哏，一人吐槽，但這時候，無論結果再怎麼糟，行為再怎麼不正確，都要全部加以肯定。

比方說，當你在封印真我雜訊的干擾下，因為跟他人比較而脫口說出「我真沒用」時，**就立刻回自己一句：「但也不見得！」**

在思考停擺雜訊的干擾下，因買不了想買的鞋子而唉聲嘆氣時，就立刻給自己一句：「可惜買不了……但省下了一筆錢，真好！」

看到別人在社群媒體上貼出開心出遊的貼文，而感到沮喪時，就給自己一句：「也有些人就是喜歡過一個人的悠閒生活！」

總之，一受到雜訊干擾，就立刻說出一句反轉的話來肯定自己。這麼做，能讓被雜訊帶往負面的心情得到緩和。只要不斷重複這樣的練習，雜訊帶給我們的傷害就會逐漸弱化，甚至有些人光用這一招，就能用輕鬆的心態看待心理雜訊，不再受其干擾。

**重點是不要去否定任何人，包括別人和自己**。有一句魔法咒語，叫做「但也不見得！」使用這句咒語，能讓我們的心情瞬間冷靜下來，而不用經過迂迴曲折的思索。

到此為止，我總共介紹了十項打造「降噪體質」的方法。每一項應該都沒有什麼難度，說不定其中有些方法甚至簡單到令人難以置信。

這些都是我實際運用在心理諮商上，十分具有成效的方法。只要持之以恆地練習，某天你就會發現，自己的心靈竟然已在不知不覺中不再受到心理雜訊干擾。

心情鬱卒……
做得這麼失敗，
一定會被降級……
熊熊燃燒……
但也不見得!!

# 第5章

# 任何人都能透過放下心理雜訊得到幸福

# 尋找心理雜訊，
# 就是尋找真我

## 「活出真我」究竟是活出怎樣的真我？

**自我肯定感是指，認為自己可以是真實的樣子、光是活著就很有價值的感受。**一個人能有這種感受，就被稱為擁有高自我肯定感；沒有這種感受，就被稱為擁有低自我肯定感。

但實際上，**自我肯定感沒有高低之分**。

之所以有高低的說法，不過是沒有這種感受的人，也就是被認為是低自我肯定感的人，看到那些外表充滿自信、總是積極正面的人，或活得悠遊自在的人，就拿來和自己比較，而覺得對方自我肯定感比較高而已。

畢竟那些被認為有高自我肯定感的人，根本不在意什麼自我肯定感，也不會想要跟其他人比較高低。

那麼，什麼才是真實的自己？

其實，這與自我成長書籍、講座或網路文章中經常出現的「活出真我」，講的是同一件事。

但你可能搞不清楚的所謂的「真我」究竟是什麼。因為搞不清楚，所以即使想「活出真我」，也不知道從何下手。

事實上，能提供我們線索，幫助我們找出真我的，正是心理雜訊。

## 心理雜訊是尋找「真我」的線索

察覺心理雜訊，是將平時遺忘的事從潛意識中揪出來的行為，因此**其中隱藏的線索，能幫助找出連你自己都尚未察覺的「真我」**。畢竟，自兒時起的所思所想乃至各種經驗，都滿滿地裝載在你的潛意識中。

比方說，我也曾驚覺過：「啊，原來我是這樣想的。」

直到不久之前，我都還很想住住看十八層樓以上的超高層公寓，但一直沒有實現，所以我憧憬住高樓的狀態持續了好一段時間。某天，因為內人的一句話，讓我察覺到自己的心理雜訊。

「你以前住過最高的樓層是幾樓？」

答案是四樓。仔細想想，我還曾住過十三層樓公寓的三樓。

咦？這麼回想起來，無論搬到哪，我好像都不會選擇太高的樓層。當我有了這樣的覺察後，我才開始思考，或許是因為「超高層公寓的高樓層」給人象徵成功的感覺，所以我才會那麼憧憬。雖說我想要體驗住在高樓層的生活，但也並非有什麼具體性的目的。

腦中想的是「我想住住看超高層公寓」。

但內心深處卻存在著「三、四樓比較好、比較安心」的雜訊。

大概是因為我的頭腦和內心在拉扯，無意識地替自己踩煞車，才會住不進超高層公寓吧。這就是我們平時並沒有意識到的真正的自己。我其實不是真的想要住在很高的地方。

雖然我對此毫無自覺，而且至今仍不覺得自己有多喜歡住四樓，**但眼前呈現的一切現狀，才是自己內在的答案**。

## 察覺雜訊，接著做出選擇

像這樣察覺雜訊後，就能**理解、接納自我，並充分體驗「決定權掌握在自己手裡」的感覺**。

以我的例子來說，因為過去理解到自己潛意識中有著「三、四樓比較好」的想法，所以想住住看超高層公寓的念頭就消失了。如此一來，頭腦和內心的拉扯停止，自然也不會再為此感到悶悶不樂。

又或者，假如我的想法是「即使如此，我還是想住超高層公寓」的話，那只要消除雜訊，讓自己不受其干擾即可。

無論是接受或消除雜訊，都要自行察覺，自行做出選擇，這麼一來，你就會覺得你是在**活出真我、活出自己的人生**。

這正是所謂的自我肯定感。

如果你搞不清楚自己的「真我」到底是什麼，那麼就請務必把注意力，轉向藏在你潛意識裡的心理雜訊。去摸索你的潛意識究竟在渴望什麼、抗拒什麼。

然後，決定是要接納你過去不曾察覺的自己，還是改變自己。

無論最後是接納或改變，第一步都是從了解自己開始。然後請記住，**接下來的一步要如何走，必須由你自己決定**。

## 光是察覺雜訊，就能卸下心中大石

來找我諮商的個案中，很多人光是**找出自己的雜訊，就感到心中的大石卸下了**。

正如前面所言，有些人把雜訊當成「真我」的一部分加以接納，因此，察覺雜訊也具有幫助我們跳出自責迴圈的重大效果。

**正確地認識自己具有非常強大的效果**。自我肯定感變低的人，不會知道自己為什麼變成這樣，而只能一味意識到「自己沒用的一面」。

但只要發現背後有雜訊在作祟，就能針對雜訊思考解決之道。

比方說，有個人受到第二章所介紹的完美主義雜訊干擾。

受到這種雜訊干擾的人，會產生自己明明想做某件事，卻遲遲無法開始的困擾。

這是因為當事人深信凡事都非做到完美不可，不能容許自己做得不夠好。實際上，別人根本不會看得那麼仔細，也不會放在心上，他只是在自己嚇自己，以為沒做好會出洋相、被人瞧不起。

這時候，若沒有察覺出心中的雜訊，當事人就會覺得「我的性格真糟糕」「我真沒用」，落入不斷自責的迴圈。

**雖然這確實是這個人內在的問題，但不能因為這樣就一味否定自己的存在。**

## 運用對話脫離雜訊干擾

我有一位個案從好幾年前就想動手寫部落格，卻遲遲沒有開始。這令他感到很困擾。

經過一次又一次的諮商，我發現他的確受到了完美主義雜訊的干擾。

「為什麼你會想寫部落格？」

「我想要寫給有相同興趣的人看，或許有人會想看，說不定還能互相交流。但是要寫的話，最好還是能夠引人入勝吧？」

「那倒是真的。但一篇文章是否引人入勝，你不覺得其實很難判斷嗎？」

「對啊，真的是。而且我也怕被人挑毛病或攻擊，所以我才遲遲無法開始……因為我沒有自信。」

「你希望從一開始就把內容寫得很好，讓大家讀得很開心吧？但很多人氣部落客，不都是寫了之後，才發現意外受到大家歡迎嗎？」

「這倒是真的。也不知道會有多少人來看。」

「既然你等了這麼久，都等不到開始寫的那一天，不如別想要準備到盡善盡美，先從不夠完美的文章開始寫起也沒關係啊！」

「你說得沒錯。」

「對啊，無論你有沒有自信，都可以寫。」

光是這樣的對話，也能大幅改變對方的視角。**所謂自我覺察，是指了解自己在哪**

**種狀況下，為何會產生哪種情緒**。如果只靠自己的話，往往會朝著「自己很糟」的方向思考，但若用語言將雜訊描述出來，就能幫助我們客觀地審視自己。**將責怪自己改成責怪雜訊，透過這樣的轉換，讓自己慢慢從自責的迴圈中抽離出來**。

當然，因為心理雜訊從小到大伴隨了我們這麼久，所以它也有可能在其他狀況下被啟動。

這種時候，就要對自己說：**「雜訊又跑出來囉！」**

只要反覆這樣做，就能拿回自我決定權，自行選擇是要接納雜訊，還是要消除它。

# 停止評斷，
# 人生會變得更快樂

## 你是否對任何事都加以評斷？

對於事物的善惡、好壞，每個人都會有自己的判斷。我在第一章也詢問過「你覺得偷竊是好是壞」的問題。我們總是像這樣以「○」和「×」來評斷事物。

但你有沒有發現，**自我肯定感之所以變低，就是因為評斷的緣故**。

你的**判斷標準深深受到雜訊的影響**。比方說，有「他人優先雜訊」的人，就會擅自建立起「身為哥哥或姊姊就必須為弟弟妹妹忍耐」或「說出自己想說的話是不好的」等標準。

**本來沒有打算要評斷他人**，卻因前意識中的記憶或經驗，認定「必須如此」。

因此，**只要能夠找出心理雜訊，就能解開枷鎖，逃離帶有偏見的評斷行為**。

我們會像下面這樣打「○」或打「×」，就是受到雜訊的影響。

瘦＝○　胖＝×

壓抑自己＝○　口無遮攔＝×

自信滿滿＝○　膽小懦弱＝×

果斷果決＝○　優柔寡斷＝×

能言善道＝○　不善言辭＝×

接著，請再看看以下的評斷標準。

骨瘦如柴＝×　圓潤豐滿＝○

沒有主見＝×　毫不含糊＝○

自大＝×　謙虛＝○

急躁＝×　慎重＝○

長舌＝×　字斟句酌＝○

看完後你有什麼感覺？其實只要**稍稍改變看待事物的角度，就能輕易地將○和×互換**。下次當你覺得自己想要評斷事物時，請對自己說「雜訊又跑出來囉」，讓自己停止這麼做。

世間絕大多數的事物，其實**都是「這樣也很好，那樣也很好」**。

## 避免負面評論的內在小弟

即使知道要停止評論，恐怕仍會感到知易行難。這時我建議使用的方法就是**「內在小弟」**。

低自我肯定感的人，不管面對什麼狀況，結果往往都是對自己打×。內在小弟就是能防範這種負面評論的一種思考小訣竅。

請想像自己內心裡**住著一個不管發生什麼事，都一定會把你捧得天花亂墜的手下。簡單來說，他就是個阿諛奉承的哈巴狗**。

然後，無論什麼事，都要讓他來誇讚你一番。比方說，當你拿起杯子時，他就稱讚：「拿起杯子了耶，太強了！」當你喝飲料時，他就說：「在喝飲料耶，太出色了！」當你把窗戶打開時，他就說：「竟然打開窗戶了，好厲害！」你使用筷子時，他就誇讚：「會拿筷子耶！帥呆了！」像這樣任何芝麻蒜皮的小事，全都可以讓他讚美。

或許你會覺得這麼做很蠢，**但糾正心靈的壞習慣，最好的方法就是反覆地做**。做著做著，你就能慢慢戒掉負面評論的習慣了。

## 抵禦網路霸凌的妙招

停止評論能產生的另一個效果是，讓自己愈來愈不怕網路霸凌。

網路霸凌已然成為愈來愈嚴重的社會問題。自己遭到網路霸凌時固然很痛苦，看到別人被霸凌時，應該也會很不好受。

雖然問題是出在霸凌者身上，但靠一己之力，也阻止不了他們的行為。目前唯一能採取的辦法，就只有關閉帳號，停止使用社群媒體而已。但這樣心裡還是會覺得難以平衡吧？

面對網路霸凌，一定要記住以下重點。

首先，**霸凌者一定是低自我肯定感的人。胡亂發火、隨便攻擊他人，其實就是自卑、缺乏自信的表現**。因此，即使你遭到了攻擊，也沒有必要否定自己，因為對方也很弱。當事人的痛苦畢竟只有自己懂，所以我也不能說些什麼自以為是的話，不過，若能想到對方的自我肯定感也很低，或許當事人可以因此得到一點心靈上的喘息空間吧。

再者，**我們之所以會因網路霸凌而感到受傷，是因為我們有想得到眾人認同的欲**

**望**。雖然每個人都有想得到認同的尊重需求（Esteem needs），但這種需求太強烈的話，就會因其反作用力而造成心靈受創。

遇到這種情況時，請停止評論，讓自己保持一種「這樣也很好，那樣也很好」的精神。很多事情都一樣，從這一面來看是被否定的，從另一面來看卻是受到肯定的。**只要改變看待事物的角度，就能改變評論的結果。因此，你身上同時具有被否定的地方和受肯定的地方，是再自然不過的。**

當然，人只要尚未達到涅槃境界，就不可能徹底拋開尊重需求。希望受人喜歡，期待眾人的吹捧、想成為風雲人物，都是人的本性。所以，就先讓自己的內在小弟和最親密的親朋好友來認同和肯定我們吧。

在社群媒體上貼出文章前，先說給朋友或家人，讓他們對你說一聲「好厲害」。光是這麼做，就能讓我們的尊重需求得到一些緩解。

拿起杯子了!!
好厲害~!

# 心理雜訊消失後，
# 怎麼做都對

## 你真正的願望跟自己想的不一樣

當你在消除心理雜訊的過程中逐漸找到真我時，就會開始產生「我怎麼會為這麼無聊的事情煩惱？」「我應該還有其他更重要的事情要做吧？」的想法。

這就是**你發現過去的煩心事，其實只是「掛羊頭」**的瞬間。

掛著的是羊頭，實際上賣的是狗肉，也就是說，你真正的願望並不在此。

舉個簡單的例子，比方說「想變成有錢人，但卻沒有」的困擾。

這也是個案經常問我的問題。這時候，我一定會反問對方：**「變成有錢人之後，你想做什麼？」**

然後我就會得到以下答案。

・想買一間可以和父母同住的大房子。
・想開一輛好車。
・想出國旅遊。
・想在米其林三星餐廳用餐。

這樣列出來後，應該就很顯而易見了——錢只是手段而已。**因為想用錢來做某些事，才會想變成有錢人**。如果再繼續追問，我們還能看到更深一層的目的。

比方說，想買一間大房子是因為：

・想看到家人開心的樣子。
・想留下自己曾經活著的證明。
・想得到眾人的肯定。

深入到這個階段時就能發現，**其實不用變成有錢人，也有其他方法能實現自己的願望**。因為即使我們不是有錢人，還是有辦法讓家人開心。

## 無論前進或放棄都要活出真我

察覺真正的目的後，你可以下定決心努力解決長久以來的煩惱，也可以決定就此放棄。**無論是放手一搏努力，還是雙手一攤放棄，都是一個果敢的決定**。

以成為有錢人為目標前進，或放棄這個目標，這兩個選擇都是你的心願，所以不論選哪一方都對，都沒有什麼好擔心的。雖然「放棄」聽起來很負面，**但積極地放棄，是一種瀟灑**。

逐步消除心理雜訊的行為，也是在**為自己建立起中性的心理狀態，讓自己明白，無論怎麼選都對**。

這世上應該沒有比這更逍遙自在的選擇題了吧?!

# 察覺心理雜訊，
# 就能全然接納自己

## 活出真我，是連自己沒用的部分一併認同

雖然前面一直在講消除雜訊，但正確來說，心理雜訊並不會消失，因為心理雜訊是存在於潛意識中的東西。

**所謂消除，是指讓自己不再受到雜訊干擾。**

既然心理雜訊仍存在於潛意識，就表示未來還是有可能偶爾冒出來干擾你一下。

**但既然你已察覺到自己的心理雜訊，就不再是過去的你了。**

為什麼這麼說呢？因為就算受到了干擾，使得過去那個自己又跑出來作怪，而導致什麼不良結果時，你也會懂得告訴自己：「看來我被雜訊干擾了。」

**真正要當心的是，當你覺得自己可能會被雜訊干擾的時候。**

因為你已知道雜訊的存在，所以或許會為了不受干擾，而想與雜訊對抗。但**不反**

**抗是一件非常重要的事**。

任由雜訊要干擾就干擾，不干擾就不干擾。當你受到干擾時，只要想說「我被干擾了」就夠了。

因為如果你過分堅持於「絕對不要受到雜訊干擾」的話，最後仍受到干擾而諸事不順，你就會產生無力感，而這種無力感是你原本不需要感受到的。

**即使結果不佳或不如預期，也請全然接納**。

沒關係的。結果不理想是心理雜訊干擾造成的，你也是情非得已。

這也是一種活出真我。

**活出真實的自己，是連自己沒出息的一面也要加以擁抱**。只許成功不許失敗這類的想法，是時候可以拋開了。

## 感謝心理雜訊，放下心理雜訊

雖然長久以來，你的心理雜訊不斷騷擾你、為你帶來困擾，但相反地，它也曾經守護過你。

心理雜訊之所以干擾你，全都是為了保護你。它是為了讓你幸福而出來干擾的。前面談過，心理雜訊的本源，是自年幼時期就開始形成的，但當時它不是在干擾你，而是保護你。

順著思考停擺雜訊，才會讓你光是聽從父母的話，就能得到讚美。

服從盛情款待雜訊、處處顧慮父母的心情，你才不會踩到地雷，惹父母不高興。

因時間即金錢雜訊而趕緊飛奔到父母身邊，才會讓他們心花怒放地擁抱你。

有了那段成長過程，才有現在的你。

只不過長大後，那些雜訊無法適用於已改變的環境。

思考停擺的話，就會在公司裡被大罵：「你自己沒有大腦思考嗎?!」老是顧慮他人，就會不斷消耗自己，最後身心俱疲。做任何事都急急忙忙而導致出錯的話，就會讓人覺得，「你怎麼會犯這麼簡單的錯？」，而對你感到失望、在心裡扣分。

心理雜訊只是始終如一地為了你的幸福，守護著你而已。然而現實的結果卻是諸事不順，讓你不知所措，於是保護變成了干擾。

是的，你已經長大，不用再依賴心理雜訊的保護了。

諸事不順的現狀、不如預期的事件，在在都是為了提醒你，該跟一直以來伴隨著自己的心理雜訊說再見了。

因此，請先對你的心理雜訊道謝：

「謝謝你一直以來的守護。」

再對心理雜訊說：

「我已經長大了，沒有你的保護，我也能好好過的。」

請用這樣的心情消除你的心理雜訊。當某天雜訊不再干擾你時，你一定已是一個能全然接納真實自我的人。

# 〈後記〉期許能讓更多人輕鬆療癒心靈

感謝你將這本書讀到最後。

這本書結尾該寫些什麼，我左思右想了好久。不如來談談我踏上心理諮商師這條道路的原因吧。

我原本在一間大型出版社工作，後來自立門戶，成為自由撰稿人。

當時我還很年輕，有時會拚命工作到廢寢忘食。直到某天，可能因是操勞過度而把身體搞壞了。當時我幾乎無法起身，已經把自己逼到差點就要過勞死的狀態。

那時恰巧有熟人來訪，我在對方的幫助下前往醫院看診，並開始了休養生息的生活。雖然在非預期的狀況下過起了悠閒的日子，但這樣的日子帶給我的不是安穩，而是焦慮。

回首過往，兒時父母離異，青春期的我全心投入水球運動，卻因受傷而無法繼續，連獨自打拚的工作，最後也落得這般下場。我一心一意專注於眼前的事物，結果卻彷彿遇上了晴空亂流。就在此時，我腦中浮現了一個疑問：「我到底是為什麼而活著？」

我就是在這時踏入心理學世界的。在我學習心理療法、腦神經科學後，才知道大大左右人生充實度的，不是地位、名譽或金錢，而是我們看待事物的方式和面對事物的心態。我發現，重新凝視自我，竟能讓外在的現實變得如此不同，年輕時的我絕對不會相信有這種事。

當我看到其他和我一樣利用心理療法，重新發現「真我」的人，竟變得不可思議地充滿活力時，也讓我無比震撼。

於是我產生了「想從事這種助人工作」的念頭。

自此，我開始以心理諮商師的身分累積經驗，為超過八千人解決煩惱。雖然中間略過了許多過程，但這就是我踏上心理諮商師之路的經過。

我心中的理想世界是，讓更多人能輕鬆地療癒自己的心靈。就像感冒時吃感冒藥一樣，即使只是心靈有點陷入負面，也能立刻恢復到中性的狀態。

我想，要一個健康的人到身心科看診或接受心理療法，任誰都會有些抗拒吧。我過去也是如此。但真的罹患心理疾病的人絕非少數，而且據說日本人的自我肯定感之低也是居全球之冠。實際上，每年也都有許許多多人自我了結生命。

所以我想提供大家一個使用起來更輕鬆簡便的心理療法。

我也是抱著一縷這樣的期待寫下這本書的。

人的問題真的千差萬別，光憑一本書能帶領讀者解決到什麼程度，還是個未知數。但有一帖心靈處方箋，是我想讓所有讀者都知道的，那就是：別被自我肯定感或負面的自己牽著鼻子走，無論自己現在如何，都要先全然接納。

各位讀者若能因這本書而在心靈上得到任何一絲喘息，都將是我至高無上的喜悅。

Eurasian Publishing Group
圓神出版事業機構
用心與你對話・視野無限寬廣
究竟出版社
Athena Press

www.booklife.com.tw　reader@mail.eurasian.com.tw

心理 067

# 清理你的心理雜訊 10個降噪練習，使你不再自卑、自責、自憐

作　　者／山根洋士
譯　　者／李璦祺
發 行 人／簡志忠
出 版 者／究竟出版社股份有限公司
地　　址／臺北市南京東路四段50號6樓之1
電　　話／（02）2579-6600・2579-8800・2570-3939
傳　　真／（02）2579-0338・2577-3220・2570-3636
總 編 輯／陳秋月
副總編輯／賴良珠
責任編輯／李靜雯
校　　對／林雅萩・李靜雯・賴良珠
美術編輯／李家宜
行銷企畫／陳禹伶・朱智琳
印務統籌／劉鳳剛・高榮祥
監　　印／高榮祥
排　　版／陳采淇
經 銷 商／叩應股份有限公司
郵撥帳號／ 18707239
法律顧問／圓神出版事業機構法律顧問　蕭雄淋律師
印　　刷／祥峰印刷廠
2021年6月 初版
2022年9月 2刷



定價310元　ISBN 978-986-137-325-6

原來，想要擺脱各種心理障礙或改變惡習，
不需藥物、不需治療，只需有人見證。
——《你不需治療，只需說出口》



國家圖書館出版品預行編目資料

清理你的心理雜訊：10個降噪練習，使你不再自卑、自責、自憐
／山根洋士 著；李璦祺 譯.
-- 初版. -- 臺北市：究竟出版社股份有限公司，2021.06
224 面；14.8×20.8公分. --（心理；67）
譯自：「自己肯定感低めの人」のための本
ISBN 978-986-137-325-6（平裝）

1.心理輔導 2.心理諮商

178.3　　110006097